O PRINCÍPIO DA BOA-FÉ NA CONTRATAÇÃO PÚBLICA

O PRINCÍPIO DA BOA-FÉ NA CONTRATAÇÃO PÚBLICA

2022

Jorge Andrade da Silva

ALMEDINA

O PRINCÍPIO DA BOA-FÉ NA CONTRATAÇÃO PÚBLICA

AUTOR
Jorge Andrade da Silva

EDITOR
EDIÇÕES ALMEDINA, S.A.
Rua Fernandes Tomás, nºs 76-80
3000-167 Coimbra
Tel.: 239 851 904 · Fax: 239 851 901
www.almedina.net · editora@almedina.net

DESIGN DE CAPA
EDIÇÕES ALMEDINA, S.A.

PRÉ-IMPRESSÃO
EDIÇÕES ALMEDINA, S.A.

IMPRESSÃO E ACABAMENTO

fevereiro, 2022

DEPÓSITO LEGAL

ALMEDINA | GRUPOALMEDINA

BIBLIOTECA NACIONAL DE PORTUGAL — CATALOGAÇÃO NA PUBLICAÇÃO

SILVA, Jorge Andrade

O princípio da boa-fé na contratação pública. – (Monografias)
ISBN 978-989-40-0187-4

CDU 346

Ao Professor Doutor João Pacheco de Amorim
o meu agradecimento pela disponibilidade e pelo precioso apoio

SUMÁRIO

I. INTRODUÇÃO 11

II. DAS ORIGENS DO INSTITUTO DA BOA-FÉ AO CÓDIGO DOS CONTRATOS PÚBLICOS 23

III. CONCEITO E MODALIDADES DE BOA-FÉ 31
1. Inexistência de um conceito de boa-fé 31
2. Modalidades de boa-fé 36
2.1 A boa-fé subjetiva ou boa-fé psicológica 36
2.2 A boa-fé objetiva ou boa-fé ética 38
2.3 Unificação conceptual da boa-fé 39
3. Referências jurisprudenciais 40

IV. OS PRINCÍPIOS GERAIS DE DIREITO 43
1. Caracterização 43
2. Os princípios gerais na Administração Pública 49
3. Princípios gerais de direito e regras jurídicas 55
4. Referências jurisprudenciais 59

V. O PRINCÍPIO DA BOA-FÉ 61
1. Caracterização 61
2. Âmbito de aplicação 64
3. Corolários do princípio da boa-fé 71
3.1 O princípio da proteção da confiança 72

3.2 O princípio da primazia da materialidade subjacente 75
3.3 Referências jurisprudenciais 76
4. Deveres acessórios do princípio da boa-fé 80
4.1 A complexidade intra-obrigacional 80
4.2 Alguns deveres acessórios 84
4.2.1 Deveres de proteção, de cuidado, de custódia e de vigilância 84
4.2.2 Deveres de esclarecimento, de informação e de conselho 85
4.2.3 Deveres de cooperação e de lealdade 86
4.3 Exemplos de deveres acessórios 87
4.4 Responsabilidade pelo incumprimento de deveres acessórios 88
4.5 Referências jurisprudenciais 90

VI. A BOA-FÉ NAS RELAÇÕES DA ADMINISTRAÇÃO PÚBLICA COM OS ADMINISTRADOS 93
1. Compatibilidade entre os princípios da boa-fé e da legalidade 93
2. A boa-fé na atividade da Administração Pública 96
3. Âmbito da boa-fé na atividade da Administração Pública 98
4. Requisitos da invocação pelos administrados da violação do princípio da boa-fé 101
5. Referências jurisprudenciais 102

VII. MANIFESTAÇÕES DA BOA-FÉ NO DIREITO ADMINISTRATIVO 107
1. Manifestações em diplomas legais 107
2. A boa-fé e os conceitos indeterminados 110
3. Referências jurisprudenciais 114

VIII. A BOA-FÉ E AS VARIANTES NA SUA VIOLAÇÃO 117
1. Considerações gerais 117
2. A *Culpa in contrahendo* 118
2.1 Caracterização 118
2.2 A responsabilidade 121
2.3 Referências jurisprudenciais 121

3. *Culpa post pactum finitum* 125
3.1 Caracterização 125
3.2 Referências jurisprudenciais 126
4. *Abuso do direito* 128
4.1 Caraterização 128
4.1.1 Conceito 128
4.1.2 Desdobramento 131
4.1.3 Referências jurisprudenciais 132
4.2 *Exceptio doli* 132
4.2.1 Caracterização 132
4.2.2 Referências jurisprudenciais 133
4.3 *Venire contra factum proprium* 134
4.3.1 Caracterização 134
4.3.2 Pressupostos 136
4.3.3 Referências jurisprudenciais 137
4.4 Inalegabilidade formal 140
4.4.1 Caracterização 140
4.4.2 Pressupostos 140
4.4.3 Referências jurisprudenciais 141
4.5 *Suppressio* 143
4.5.1 Caracterização 143
4.5.2 Pressupostos 146
4.5.3 Referências jurisprudenciais 146
4.6 *Tu quoque* 147
4.6.1 Caracterização 147
4.6.2 Referências jurisprudenciais 148
4.7 Desequilíbrio no exercício de direitos 150
4.7.1 Caracterização 150
4.7.2 Referências jurisprudenciais 151

I. Introdução

1. Impõe-se iniciar este texto com o esclarecimento de que, com ele, não se pretende, nem sequer por aproximação, tratar o tema da *boa-fé* com a profundidade que inquestionavelmente proporciona, mesmo considerando, como sucede neste caso, apenas o restrito âmbito da contratação pública[1]. Nem isso está de harmonia com a dimensão de um texto desta natureza, nem o seu autor teria, para isso, além do mais e face às circunstâncias[2], acesso às fontes bibliográficas imprescindíveis.

Afigura-se-nos que tem plena atualidade a consideração que, sobre a ingerência do instituto da boa-fé, foi expendida por M. e R. Esteves de Oliveira segundo a qual *ainda está por fazer a exploração plena das* (suas) *potencialidades no domínio do direito administrativo*[3]. O objetivo que se pretende atingir é, pois, somente, o de deixar mais um apelo à atenção para o papel cada vez mais importante e determinante que aquele instituto pode e deve desempenhar[4] numa das formas de atuação da Administração Pública – o contrato.

[1] Neste texto, a expressão "*contratação pública*" é utilizada no seu sentido amplo de abranger a formação, a celebração e a execução de contratos públicos.

[2] O texto foi elaborado durante o recolhimento obrigatório decorrente da pandemia COVID-19.

[3] *Concursos e Outros Procedimento de Contratação Pública*, Almedina, 2011, pág. 251.

[4] Marcelo Laborde Goñi, *El Princípio de la Buena Fe como Como Rector del Ejercicio de la Función Pública*, Revista de Derecho Público, año 25, nº 50, Diciembre 2016, http://www.revistaderechopublico.com.uy/ojs/index.php/Rdp/issue/view/1

E essa importância é tanto mais de realçar quanto mais influência tem a utilização do contrato como instrumento jurídico de que os órgãos da Administração Pública dispõem para a realização das respetivas atribuições legais. Como será referido, há unanimidade na doutrina – e os factos da vida jurídico-administrativa pública confirmam de modo irrefutável – quanto ao facto de o contrato público constituir um instrumento jurídico que envolve uma cada vez mais vasta área da atividade da Administração Pública e, por outro lado, que se trata de uma parte dessa atividade onde, de um modo geral, os princípios gerais de direito e, em especial, o princípio da boa-fé têm uma muito intensa, importante e muitas vezes decisiva intervenção. A doutrina vem salientando que *a contratualização de uma grande parte da atividade pública elevou a um patamar superior a interferência dos particulares no exercício (direto ou indireto) de tarefas públicas (ou, pelo menos, de ações necessárias ao desempenho de tarefas públicas), no contexto do já reconhecido Estado cooperativo, em que a participação dos privados aumentou não apenas quantitativa, mas também qualitativamente*[5]. Por isso se entende que o incremento dessa via de levar a cabo as atribuições administrativas públicas e a respetiva complexidade, especialmente no que aos contratos diz respeito, imponha uma nova teorização e respetiva contemplação no ordenamento jurídico[6].

Desde logo, poderá seguramente afirmar-se que o reconhecimento da necessidade da publicação de um código de contratos públicos tem, na sua base, essa realidade da colaboração dos privados na atividade da Administração Pública. De resto, como adiante será referido, de cada vez que se procede à revisão do Código dos Contratos Públicos[7], a figura do contrato administrativo vê o seu campo grandemente amplificado, como reflexo do incremento do recurso aos privados na realização dos fins de interesse coletivo.

Por outro lado, ainda nessa linha, vem-se reconhecendo que, num Estado de Direito de cariz democrático, não é concebível que a *função administrativa pública* seja exercida apenas com base em atos autoritários, isto é, torna-se cada vez mais difícil de admitir que a Administração

[5] Ana Raquel Gonçalves Moniz, *Princípios da Contratação Pública cit.*, Revista de Contratos Públicos (RCP) nº 11, pág. 25.

[6] Ana Raquel Gonçalves Moniz, *Princípios da Contratação Pública cit.*, RCP nº 11, pág. 25.

[7] Doravante designado por CCP.

Pública, unilateralmente, imponha, sempre e em qualquer caso, as medidas que para isso entenda necessárias. Nas últimas décadas, vem-se entendendo que isso deve suceder cada vez menos – e assim vem sucedendo –, alargando-se o campo de uma *administração pública consensualizada*, sem pretender que o seja ou sequer possa aproximar-se de o ser de modo exclusivo[8]. Efetivamente, como adiante será salientado, o contrato tem tido um incremento de tal modo acentuado e determinante no desenvolvimento da ação administrativa pública, invadindo em tão larga medida o tradicional campo de intervenção do ato administrativo, que já suscita e legitima a dúvida sobre a manutenção do primado dessa figura – *ato administrativo* – no seio dos instrumentos jurídicos do exercício daquela atividade.

Impõe-se esclarecer que a referência aqui feita ao contrato administrativo não pretende encobrir, subalternizar ou sequer diminuir a importância que a boa-fé igualmente tem no âmbito do ato administrativo[9]. Como se verá adiante, o âmbito de aplicação desse princípio é transversal a toda a atividade da Administração Pública. A saliência aqui feita é apenas determinada pelo facto de o objeto deste estudo se limitar à figura contratual.

2. Reportando-nos especificamente ao instituto jurídico da boa-fé, impõe-se começar por salientar que, não obstante a atenção que a doutrina lhe vem dando designadamente a partir do primeiro quartel do século XIX, o seu reconhecimento a nível de direito positivo, como será referido, foi lento e cauteloso, mesmo no âmbito do direito privado. E, quanto à sua evolução no sentido do direito público, esse percurso tem sido particularmente difícil, a ponto de se reconhecer que o princípio da boa-fé *ainda não ganhou um largo espaço próprio no âmbito do direito público* como princípio autónomo, sendo ainda frequente considerar que o seu comando jurídico integra o âmbito objetivo de outros princípios

[8] Cfr. Marcelo Rebelo de Sousa/André Salgado de Matos, *Direito Administrativo Geral – Atividade Administrativa*, Tomo III, 2ª ed., D. Quixote, pág. 276.

[9] Cfr. Marcelo Rebelo de Sousa/André Salgado de Matos, *Direito Administrativo Geral – Atividade Administrativa*, Tomo III, 2ª ed., D. Quixote, pág. 153.

como o da transparência, da tutela da confiança, da imparcialidade e da proporcionalidade[10].

3. Porque aqui se trata da aplicação do princípio da boa-fé no âmbito da contratação pública, é pertinente uma muito ligeira alusão ao instituto *contrato administrativo*, também este, na sua génese, objeto de complexas explorações doutrinais.

Como ensina Marcelo Rebelo de Sousa[11] a Administração Pública tem por função praticar *o conjunto dos actos de execução de actos legislativos, traduzida na produção de bens e na prestação de serviços destinados a satisfazer necessidades colectivas que, por virtude de prévia opção legislativa, se tenha entendido que incumbem ao poder político Estado-colectividade.*

No âmbito dos instrumentos jurídicos facultados para o exercício dessa *função administrativa*, a figura do contrato administrativo constitui um exemplo paradigmático da adaptação do Direito, através dos seus institutos, à constante evolução das várias conceções politicas, económicas e sociais que vão dominando e caracterizando a vida em sociedade e à necessidade de promover e prover à satisfação de toda a múltipla e complexa variedade de interesses coletivos daí decorrentes, objetivo último daquela *função*.

Relativamente ao *contrato administrativo* quase se pode dizer o que costuma ser afirmado a propósito da espingarda: começou por não existir. Até à sua consolidação nos ordenamentos jurídicos como contrato autónomo, essa figura percorreu uma trajetória alucinante em curto espaço de tempo[12]. Efetivamente, foi rápido mas longo o caminho percorrido nesse sentido, indo desde a negação da possibilidade de existência de um *contrato administrativo* como figura equivalente mas independente em relação ao contrato de direito privado, até ao atual reconhecimento da possibilidade da sua utilização de um modo generalizado pela Administração Pública, em paralelo com o regulamento e o ato administrativo.

[10] Cfr. Mário e Rorigo Esteves de Oliveira, *Concursos e Outros Procedimentos de Contratação Pública cit.*, pág. 251.

[11] *Lições de Direito Administrativo, I*, ed. Lex, 1999, pág. 12.

[12] José Carlos Vieira de Andrade, *Lições de Direito Administrativo, 5ª ed. 2017*, ed. Imprensa da Universidade de Coimbra, pág. 251, disponível em *https://digitalis-dsp.uc.pt/bitstream/10316.2/43588/1/Li%C3%A7%C3%B5es%20de%20Direito%20Administrativo-5a.pdf*

Numa breve alusão histórica dir-se-á que, nos finais do sec. XIX, a escola alemã (e a italiana), num esforço de concentrar no âmbito do Direito Administrativo toda a atividade da Administração Pública[13], negava a compatibilidade entre o conceito contratual e a noção de Estado e respetivo poder de autoridade – portanto, no Direito Administrativo –, orientação que foi adotada na generalidade dos ordenamentos jurídicos europeus: o *poder administrativo*, por definição, não podia ser exercido por consenso, de modo negociado – o que é intrínseco ao conceito de *contrato* –, mas somente através de atos declarativos unilaterais, imperativos e coercivos, fossem eles de natureza geral e abstrata (regulamento) ou com referência a situações concretas e individualizadas (ato administrativo). Se houvesse necessidade de celebrar contratos com os administrados, estes seriam de direito privado e submetidos ao respetivo regime. Porém, no último quartel do sec. XIX[14], dá-se, no direito francês, o aparecimento da figura do *contrato administrativo*, como figura jurídica diferente do contrato de direito privado e dele independente. Esta orientação autonomizadora do contrato administrativo foi adotada pelos ordenamentos jurídicos de Portugal, Espanha e pelos de influência ibérica. Esclareça-se, porém, que, em rigor, não se tratava de uma linha oposta à orientação germânica: a nova figura não pretendia colocar em causa o princípio de que *a autoridade não se hipoteca nem se negoceia*[15], mas, sem estabelecer a plena paridade entre as partes contratantes, fazia nascer direitos e obrigações para ambas num quadro de colaboração dos particulares contratantes com a Administração Pública, onde aceitavam a sua submissão relativamente ao exercício, no âmbito do contrato, de poderes unilaterais daquela que *exorbitavam* em relação à referida paridade contratual.

Depois da Grande Guerra de 39/45, a utilização do contrato administrativo como instrumento da realização de atribuições de Administração

[13] Cfr. Pedro Moniz Lopes, *Contratos Administrativos e Boa Fé*, aafdl, 2019, págs.10/11.

[14] Cf. a jurisprudência do *Conseil d'Etat* destes anos, especialmente o *Arrêt* «Compagnie nouvelle du gaz de Déville-lès-Rouen», de 10 de janeiro de 1902, o *Arrêt* «Compagnie général française des tramways», de 11 de março de 1910, o *Arrêt* «Societé des granits porphyroïdes des Voges», de 31 de julho de 1912, e o *Arrêt* «Compagnie générale d'eclairage de Bordeaux», de 30 de março de 1916.

[15] Cfr. Pedro Costa Gonçalves, *O Contrato Administrativo/ Uma Instituição do Direito Administrativo Nosso Tempo*, Almedina, 2003, pág. 13.

Pública conheceu um incremento crescente, constante e intenso. A esse fenómeno não é alheia a evolução verificada na estruturação orgânica dos órgãos da Administração Pública que, de uma situação de quase autosuficiência, se viram na necessidade de criar no seu seio organismos de cariz estrutural recrutados no direito empresarial privado, evoluindo mesmo no sentido de, pura e simplesmente, cada vez mais, recorrerem às empresas privadas para a realização da maioria dos tipos de interesse público cuja satisfação lhes cabe prosseguir. E isso, no que respeita tanto à aquisição de bens como de serviços.

Para isso, impunha-se uma consagração legal da figura do contrato. Daí que, após décadas de tratamento doutrinário e implementação jurisprudencial, é hoje incontroverso que a figura do contrato, como fonte de relações jurídicas, é uma *categoria geral do direito*, que vai para além dos limites do direito privado, portanto com existência autónoma, para ter uma aplicação genérica nos vários setores do ordenamento jurídico, posto que inclui os dois fatores necessários e bastantes para caracterizarem essa figura jurídica: acordo de vontades de duas pessoas de direito e a produção de efeitos nas suas esferas jurídicas[16].

Neste enquadramento, hoje em dia, a Administração Pública tem uma amplíssima liberdade de, entre o ato administrativo e o contrato administrativo, escolher o instrumento jurídico-administrativo que em cada caso entenda ser o mais adequado para a realização das atribuições de interesse público que legalmente lhe foram cometidas. Assim, no regime atualmente vigente, só está impedida do recurso ao contrato administrativo se expressamente a lei o impedir ou esse impedimento resultar da própria natureza das relações a estabelecer através do contrato (artigo 278º do CCP). De resto, como, nessa linha, acentua Mário Aroso de Almeida, o CCP procedeu a um *enorme alargamento* dessa figura do contrato administrativo, como é evidenciado pela citação deste Autor que abaixo é feita[17]. O seu campo evoluiu muito para além dos limites da conceção francesa da *colaboração subordinada* acima aludida, amplitude que, por sinal, é oriunda da doutrina alemã.

[16] Cfr. Pedro Costa Gonçalves, *Direito dos Contratos Públicos,* Almedina, 5ª ed., 2021, págs. 13/14.

[17] Cfr. Mário Aroso de Almeida, *O problema do Contrato Administrativo/No Quadro Normativo Decorrente do Código dos Contratos Públicos,* Almedina, 2018, pág. 5.

Portanto, realçando o que já foi afirmado, o incremento do recurso ao contrato administrativo como instrumento de prossecução de interesses públicos tem a sua razão de ser na ação conjugada, por um lado, da amplitude do espaço da atividade da Administração Pública onde cabe a suscetibilidade de negociação, e, por outro, com a diminuição drástica do campo dessa atividade suscetível de ser levada a efeito apenas com recursos próprios e sem a colaboração dos particulares, sendo difícil determinar qual delas é a causa ou o efeito da outra. Trata-se, em última análise, de uma evolução própria e natural em estados de direito de cariz democrático: em lugar de se exercer uma Administração Pública marcadamente autoritária, opta-se por lançar mão de instrumentos em que seja admissível estabelecer uma conceção tão paritária quanto possível na prossecução do interesse público para o que são chamados os particulares em termos de colaboração.

4. Pode mesmo acentuar-se que, ao arrepio das conceções dominantes no século passado, aquele *autoritarismo administrativo,* face às referidas circunstâncias do recurso à contratação pública, vem conhecendo limitações mesmo no campo de intervenção do ato administrativo, onde é particularmente marcante, ou, melhor dizendo, no campo em que sempre se reconheceu a pertinência da sua intervenção: os atos administrativos são-no cada vez em menor número e intervêm cada vez menos.

Com efeito, o reconhecimento da necessidade do recurso àquela colaboração dos particulares na realização de tarefas de Administração Pública – repete-se: cada vez mais frequente e cada vez mais ampla –, é revelado pelo facto de, mesmo no campo em que a vontade da Administração Pública é manifestada através de atos unilaterais, se intrometerem fatores que reduzem aquela imparidade das partes ao mínimo necessário: o autoritarismo que se possa considerar ser – e é – inerente ao ato administrativo sempre será contemporizado ou mesmo suavizado pela imposição de que a sua prática deve obedecer a princípios gerais de direito fundamentais e, de modo particular, aos princípios da atuação da Administração Pública enunciados na Constituição (artigo 266º), no Código do Procedimento Administrativo[18] (artigo 3º a 19º) e no CCP (artigo 1º-A), de que aqui se destacam os seguintes: princípio da pros-

[18] Doravante CPA.

secução do interesse público, princípio da boa administração, princípio da proteção dos direitos e interesses dos cidadãos, princípio da concorrência, princípio da transparência, princípio da igualdade, princípio da imparcialidade, princípio da proporcionalidade, princípio da boa-fé, princípio da tutela da confiança, princípio da justiça e da razoabilidade, princípio da colaboração com os particulares, princípio da decisão e princípio da responsabilidade.

Foi nesse sentido que acima foi afirmado que os atos administrativos são-no cada vez menos.

Acrescente-se, por outro lado, que a própria enunciação legal do âmbito de aplicação dos poderes públicos (atos unilaterais) na execução dos contratos administrativos e que os caracterizam como contratos de colaboração *subordinada*, vem sendo objeto de reparos. Assim, por exemplo, foi considerado que a aplicação genérica do regime do nº 2 do artigo 307º do CCP a todos os contratos pode revelar-se *inadequada, desnecessária ou excessiva* em função da garantia da realização do interesse público[19]. Segundo MÁRIO AROSO DE ALMEIDA[20], *a qualificação em bloco como actos administrativos de todos os actos que se traduzam no exercício dos poderes exorbitantes se afigura questionável por diversas ordens de razões, a saber: a) o moderno entendimento da Administração Pública e do seu posicionamento perante os particulares num Estado de Direito democrático aconselha a que não se sobrevalorize e, pelo contrário, se atribua o devido peso ao exercício de poderes de autoridade da Administração, circunscrevendo aos domínios em que ele se revele verdadeiramente indispensável; b) o contrato administrativo não deve ser prioritariamente encarado como um instrumento de subjugação dos particulares ao poder da Administração, mas como uma fonte de relações jurídicas eminentemente paritárias; c) a titularidade do poder de emitir actos administrativos no âmbito da relação contratual não decorre da natureza dos contratos administrativos, como algo de indispensável para que eles possam ser normalmente utilizados como*

[19] JORGE ALVES CORREIA, *O ato administrativo contratual como modo de atuar do dono de obra pública*, RCP nº 20, pág. 107.

[20] *Contratos administrativos e poderes de conformação do contraente público no novo Código dos Contratos Públicos*, em Cadernos de Justiça Administrativa (CJA), 66º, págs. 11 e seguintes. Ver ainda J.C. VIEIRA DE ANDRADE, *A propósito do regime do contrato administrativo no Código dos Contratos Públicos*, Estudos de Contratação Pública – II, org. PEDRO COSTA GONÇALVES, 2010, pág. 19.

uma forma de prossecução das atribuições das entidades públicas que os celebram; d) atenta a definição ampla e heterogénea de contrato administrativo de que parte o Código, que, muito para além do círculo limitado dos referidos tipos contratuais emblemáticos, implica (...), que, em última análise, para que um contrato seja administrativo, basta que as partes entendam estipular que assim é (ou seja, que o contraente público faça prever que assim é), sem que o Código estabeleça, entretanto, quaisquer parâmetros conformadores do poder que, deste modo, confere aos contraentes públicos de fazerem qualificar como administrativo todo e qualquer contrato que celebrem, independentemente do seu objecto ou causa-função. E, em coerência com esta posição, num outro local[21], aquele Autor manifesta a sua discordância relativamente à opção do legislador, considerando que o caminho que o CCP deveria ter seguido era diametralmente oposto àquele que seguiu. Esse caminho devia partir da rejeição de uma conceção autoritária do Direito Administrativo para a rejeição de um regime autoritário do contrato administrativo, que o associe à necessária atribuição ao contraente público de um estatuto de autoridade sobre o cocontratante. Ainda nesta orientação ou, pelo menos num sentido que lhe é próximo, afirmou-se em Espanha que os poderes exorbitantes constituem um exercício do interesse geral num contexto em que a Administração, nem é dona dos procedimentos, nem pode atuar sem ter em conta os princípios constitucionais e a sua vinculação aos direitos fundamentais que, hoje por hoje, constituem um elemento essencial na atuação administrativa[22].

Foi nesse sentido que acima foi afirmado que os atos administrativos intervêm cada vez menos.

5. Relativamente a uma referência informativa concreta sobre o grau de utilização pela Administração Pública daqueles instrumentos jurídicos através dos quais desenvolve e materializa a sua atividade de prossecução dos interesses da comunidade, pode dizer-se que é possível obter elementos quantitativos quanto aos diplomas regulamentares que emite e mesmo relativamente aos contratos que celebra, mas, por ser material-

[21] *O Problema do Contrato Administrativo*, Almedina, 2018, pág. 52 e ainda em *Teoria Geral do Direito Administrativo – Temas Nucleares*, Almedina, 2012, pág. 289.

[22] Víctor Escartín Escudé, *Dicionário de Contratación Pública*, dirigido por José Bermejo Vera, ed. Iustel, Madrid, 2009, pág. 496.

mente impossível, isso não sucede com a miríade dos atos administrativos que pratica.

Quanto aos contratos – o instrumento jurídico dessa atuação que aqui interessa – já acima ficou referido o seu papel fundamental, verificando-se, porém, que, devido às sucessivas crises económicas, e, de um modo especial, às gravíssimas consequências decorrentes da pandemia Covid 19, verifica-se um ligeiro decréscimo no número dos que foram celebrados: segundo o Relatório do Instituto dos Mercados Públicos, do Imobiliário e da Construção, I.P (IMPIC) relativo a 2020, nesse ano, terão sido reportados no portal BASE, cerca de 127.416 contratos[23].

6. A referência aqui feita ao número de contratos públicos celebrados visa, basicamente, salientar a amplitude da atuação da Administração Pública na área da contratação pública e a imposição de que sempre terá de pautar-se pelos ditames decorrentes do princípio da boa-fé. A relevância deste princípio justifica que seja repetidamente salientado, pois a boa-fé deve imperar na relação entre as partes quer na fase da formação dos contratos, quer na sua celebração, quer ainda na da sua execução[24]. E adiantemos desde já que, por um lado, essa intervenção tanto pode ocorrer na vertente da proteção da confiança legítima e recíproca das partes, como na da interpretação e integração das regras da formação do contrato e das cláusulas da sua execução e, por outro, que o dever de agir de boa-fé existe para ambas as partes: contraente público e cocontratante.

Pode dizer-se que, na realidade prática da vida jurídica, quanto maior acolhimento for dado ao princípio da boa-fé maior viabilidade se confere ao acatamento dos princípios gerais do ordenamento jurídico e à sua eficácia, designadamente no campo das relações jurídico-administrativas e, consequentemente, mais viável será a realização de uma Administração Pública com justiça segundo o sentimento dominante na comunidade. O que, de resto, vai ao encontro dos fins que estão na génese desta figura na antiga Roma, onde, como se dirá, não surgiu por acaso mas como medida jurídica resultante da necessidade de superar

[23] Segundo o relatório de 2019, foram registados 146 486 contratos.

[24] Cfr., por exemplo, Isabel Celeste Fonseca, *Direito da Contratação Pública – Estudos Reunidos*, Almedina, 2020, pág. 250).

situações de injustiça a que conduzia o excessivo formalismo do Direito Romano. Bem vistas as coisas, é um desiderato que se mantem, não obstante atualmente, do ponto de vista da atividade da Administração Pública, se entender a boa-fé não apenas na vertente da proteção da confiança legítima, mas ainda na da primazia da materialidade subjacente e também na da estabilidade que deve caracterizar as relações jurídicas, no sentido que será exposto.

II. Das origens do instituto da boa-fé ao Código dos Contratos Públicos

1. As origens do instituto da boa-fé, como acima se referiu, remontam ao direito romano[25]. *A fides romana constitui a base linguística e conceptual da boa fé no Direito Português*[26].

Fides, na mitologia romana, era a deusa da confiança. Assim se explica que *fides* encerrava em si a confiança no respeito pela palavra dada; confiava-se que, no âmbito das transações jurídicas, o que era dito era para ser cumprido, imprimindo-se, consequentemente, segurança àquelas transações. Nesse contexto, a *bona fides* surgiu no Império Romano como via de debelar as consequências perversas do formalismo que caracterizava as relações jurídicas designadamente as de natureza contratual[27]. Com efeito, essa obrigatória submissão dos contratos a rí-

[25] *O Direito Romano não foi exemplar apenas pelas suas soluções concretas; muitas não são atuais, como é bastante óbvio, outras foram superadas por legisladores, mais ou menos mitificados, de outras culturas. O exemplo permanente do Direito Romano está em ter inserido cada solução concreta num marco institucional orgânico, suscetível de um jogo próprio, presidido sempre por um princípio de justiça material e ter feito ver que esse marco institucional, ao serviço do qual se movem ações processuais, se constrói, se desenvolve, se aperfeiçoa incessantemente, pelas decisões dos juízes e pela ação doutrinal dos grandes juristas* (Eduardo García de Enterría/Tomás-Ramón Fernández, *Curso de Derecho Administrativo, I,* 12ª ed., Thompson, 2005, pág. 89).

[26] António Menezes Cordeiro, *Da Boa Fé no Direito Civil,* Almedina, 2017, pág. 53.

[27] Cfr, António Menezes Cordeiro, em *Da Boa Fé no Direito Civil cit.*, pág. 71 escreveu: *O sistema jurídico romano tinha base processual: assentava não no reconhecimento abstracto de posições*

gidos modelos formais pré-estabelecidos, com frequência dava origem a resultados injustos que seriam inevitavelmente suportados pela parte que revelasse maior debilidade, desconhecimento ou mesmo negligência relativamente ao conteúdo dessas formas e à sua implementação prática. Com o tempo, verificou-se que o simples empenho da palavra dada e a imposição do respetivo cumprimento era suscetível de ocasionar situações de grave injustiça. Impunha-se averiguar se, no caso concreto, o valor do respeito pela palavra e o seu cumprimento não era gerador de situação de inaceitável sacrifício do valor da justiça[28]. Assim surgiu a boa-fé no âmbito do Direito Romano, como meio que *permitiu, nas mãos do pretor, alargar a tutela jurídica a situações inteiramente novas, derivadas da expansão romana, na bacia do Mediterrâneo*[29]. Por isso, era facultada ao pretor, como parâmetro de julgamento, a possibilidade de decidir, com base numa *boa confiança,* para além do que estava escrito em atenção à real vontade das partes, assim se caldeando o aspeto objetivo decorrente da fórmula com o elemento subjetivo resultante da real vontade dos contratantes. Enfim, no ordenamento jurídico romano a boa-fé encerrava, além dos valores da lealdade e da honestidade, o da justiça. Com a expansão romana, o incremento das relações jurídicas comerciais, a consequente criação do *jus gentium* e a sua aplicação deram cada vez mais relevo e oportunidades à *boa-fé* como instrumento de justiça, provocando ao longo do tempo a sua evolução conceitual.

2. Efetivamente, essa visão foi objeto de uma evolução. Sempre no âmbito das relações jurídicas privadas, sem quebra do movimento contrário ao excessivo formalismo jurídico das relações, a fundamentação romana foi sendo progressivamente subalternizada e, em decorrência da intervenção de um elemento subjetivador, surge a boa-fé como *estado de ciência ou de consciência individual*[30].

subjectivas, mas na atribuição concreta de acções.

[28] A *fides bona* revestia, no período clássico, *a natureza de norma jurídica objectiva de comportamento honesto e correcto, respeitador da lealdade e dos costumes do tráfego* (Cfr. António Menezes Cordeiro, em *Da Boa Fé no Direito Civil cit.*, pág. 105).

[29] António Menezes Cordeiro em *A Boa Fé nos Finais do Século XX*, pág. 894, disponível em *https://portal.oa.pt/upl/%7B68b82e6d-8122-4488-a75e-dc38215d7c9f%7D.pdf*.

[30] Cfr. António Menezes Cordeiro, em *Da Boa Fé no Direito Civil cit.*, pág. 161.

Como é sabido, na Idade Média, o Direito Canónico fez-se refletir de forma generalizada nas relações jurídicas. O instituto da boa-fé não escapou a essa influência, ainda que esta se tenha processado *sem grandes sobressaltos*[31]. Pode dizer-se que a boa-fé passou a ser dominantemente entendida como reportada a situações que tinham a ver com as pessoas e seus comportamentos. Era, por um lado, marcadamente subjetiva e, por outro, quanto à sua fundamentação, a boa-fé passou a ser impregnada de um conteúdo de natureza ética: para se estar de boa-fé teria de se estar isento de pecado. É certo que a boa-fé continuava especialmente conexionada com o princípio do respeito pela palavra dada e da obrigação de cumprimento dos compromissos assumidos. Mas isso verifica-se, não por questões de honra ou lealdade, mas essencialmente porque o procedimento inverso era pecaminoso: é pecado mentir ou trair. A boa-fé corresponde, pois e em síntese, à ausência de pecado[32].

3. A partir de meados do século XIX começou a ter foros de autonomia conceitual a *boa-fé germânica* que, todavia, embora tivesse as suas raízes na conceção romana de *bona fides*[33], acaba por ser marcada por uma axiomática visão objetivista. Efetivamente, continuando a manter a ideia da fidelidade ao pactuado, adota a fórmula *Treu und Glauben*, isto é, fidelidade e lealdade ou cavalheirismo e confiança, convencimento ou crença, credibilidade e bitola de comportamento. Seguindo ainda António Menezes Cordeiro, a *boa-fé germânica,* fortemente influenciada pelos ideais da cavalaria medieval, *com o seu cortejo de valores ingénuos – honradez, lisura, bravura, apresentados como autosuficientes e como absolutos e, sobretudo, com a sua linguagem, teve grande relevo na evolução subsequente da boa-fé. Os traços fundamentais da sua influência são a objectividade e o irracionalismo. Objectividade: a boa fé germânica não se preocupava com estados de ciência ou com intuitos, antes acentuando o ritual, o padrão social, a exterioridade. Fundamental seria sempre o julgamento da opinião pública, cuja aprovação ou censura eram, por excelência, o motor da atuação jurídica medieval. Irracionalismo: (...) a boa fé germânica era antes de molde a provocar, nos sujeitos do espaço jurídico,*

[31] Cfr, António Menezes Cordeiro, em *Da Boa Fé no Direito Civil cit.*, pág. 160.

[32] Cfr, António Menezes Cordeiro, em *Da Boa Fé no Direito Civil cit.*, pág. 159.

[33] Cfr, António Menezes Cordeiro, em *Da Boa Fé no Direito Civil cit.*, pág. 163.

perante comportamentos determinados, reacções espontâneas de adesão ou de repulsa, de acordo com os padrões culturais de actuação, em vigor na época[34].

Assim, a ideia de boa-fé evoluiu de modo a que os seus fatores componentes fossem considerados não numa perspetiva subjetivista, mas objetivando-os segundo critérios que partiam da confiança geral apreciada em bases de natureza social e coletiva (também já não segundo critérios de índole pecaminosa). O que interessava era averiguar, em cada situação, qual o comportamento que a comunidade esperaria, para se concluir sobre a existência ou não da boa-fé.

Foi neste sentido, como se disse marcadamente objetivista, que o instituto da boa-fé passou a integrar o Código Civil Alemão de 1896 no seu § 242:

> *O devedor fica obrigado a realizar a prestação, tal como a boa fé, com consideração pelos usos do tráfego, o exija*[35].

Refira-se, no entanto, que até tempos relativamente recentes, para a doutrina e jurisprudência alemãs, a boa-fé era um instituto de aplicação exclusiva de direito privado, já que, por um lado, uma pessoa jurídica pública, pela sua própria natureza, não tem de encarnar valores de lealdade, retidão ou honestidade, e, por outro, no campo do exercício da Administração Pública, impera o princípio da submissão ao que se encontrava normatizado. No domínio das relações de direito público, a boa-fé só era tida como aplicável por via indireta, isto é, se, excecionalmente, a própria lei administrativa remetesse para o direito privado.

Esta posição rígida, designadamente no período compreendido entre as duas grandes guerras, sofreu evolução no sentido da aproximação do instituto ao Direito Público, a que não é alheia a já referida evolução da orientação doutrinal quanto à admissão da figura do contrato público.

4. Entre nós, o Código de Seabra, tal como o Código de Napoleão em que totalmente se inspirou e que, por seu turno, tinha por base fundamental o Direito Romano, nada dispunha quanto à boa-fé, ignorando

[34] Cfr, António Menezes Cordeiro, em *Da Boa Fé no Direito Civil cit.*, pág. 176.

[35] Na tradução de António Menezes Cordeiro, em *A Boa Fé nos Finais do Século XX cit.*, pág. 887.

de todo o instituto. Com efeito, foi apenas com os trabalhos preparatórios do Código Civil de 1966 e, designadamente, com os estudos para isso elaborados pelo Professor VAZ SERRA, que o instituto da boa-fé passou a ter guarida no direito normatizado português, superando o princípio legalista caraterizador do positivismo jurídico, até então vigente mas já em crise[36]. Assim, como a seguir será indicado, o Código Civil de 1966, em vários dos seus preceitos, deu guarida à boa-fé numa visão claramente objetiva, com manifesta influência da doutrina alemã.

Quanto ao Direito Público, foi ainda mais demorada e porventura mais custosa a consagração expressa da vigência do princípio da boa-fé no âmbito da atividade da Administração Pública. Mas importa desde já salientar que não está aqui em equação o valor jurídico dos fundamentos da boa-fé e o seu reconhecimento e aplicação nas operações de procura de soluções jurídicas para as questões de ordem prática surgidas na vida jurídica; não está agora em consideração a exigência da observância dos valores subjacentes à boa-fé. O que se pretende exprimir é apenas o percurso seguido até à *positivação do princípio da boa-fé,* isto é, até à formalização normativa de um instrumento jurídico valorativo de comportamentos humanos relacionais, que desde há muito vinha constituindo um elemento de base ética enraizado na consciência coletiva e que, por isso mesmo, não obstante aquela ausência normativa, era frequentemente objeto de estudo doutrinal e geralmente adotado designadamente pelos tribunais administrativos[37]/[38].

Com efeito, importa ter presente o verdadeiro significado e alcance da expressa enunciação do princípio da boa-fé nos textos legislativos. Como mais adiante se exporá, segundo a corrente doutrinal e a orientação jurisprudencial dominantes, a boa-fé, como princípio geral de direito que é, tem força vinculativa própria, não necessitando, para se

[36] Como a propósito do artigo 7º do Código Civil espanhol de 1974 afirmava JESUS GONZALEZ PEREZ, *El principio general de la buena fe en el derecho administrativo*, pág. 14, disponível em https://www.racmyp.es/docs/academicos/669/discurso/d32.pdf.

[37] Cfr. PEDRO MONIZ LOPES, *Contratos Administrativos e Boa Fé,* aafdl, 2019, pág. 41.

[38] Ver, por exemplo, os acórdãos do STA pº 036096, de 1995.01.19, http://www.dgsi.pt e *Acórdãos Doutrinais*, nº 461, pág. 729. No final deste texto faz-se referência a mais decisões judiciais sobre a matéria.

impor, de uma consagração normatizada[39]. Na perspetiva dessa orientação, a que aqui se adere, a consagração desse princípio nas normas a seguir referidas ou outras deve ser encarada, apenas, como um reforço cautelar e protetor relativamente à situação de inferioridade em que, geralmente, o administrado se encontra perante quem exerce os poderes de autoridade – *poderes públicos* ou *poderes exorbitantes* – inerentes à função administrativa pública. O direito subjacente àqueles preceitos já existia no princípio geral que aqueles se limitam a declarar, mas não a criar.

5. Não obstante, repete-se, foi custosa a tarefa da extensão do instituto da boa-fé do Direito Privado até ao Direito Público. A primeira expressa consagração legal do princípio da boa-fé no âmbito do Direito Público foi feita pela Revisão do Código do Procedimento Administrativo operada pelo Decreto-Lei nº 6/96, de 31 de janeiro que, considerando o princípio da boa-fé *indispensável ao enraizamento da confiança nas relações entre os particulares e a Administração*, introduziu um novo preceito, o artigo 6º-A do seguinte teor:

Princípio da boa fé

1 – No exercício da actividade administrativa e em todas as suas formas e fases, a Administração Pública e os particulares devem agir e relacionar-se segundo as regras da boa fé.

2 – No cumprimento do disposto nos números anteriores, devem ponderar-se os valores fundamentais do direito, relevantes em face das situações consideradas, e, em especial:

a) A confiança suscitada na contraparte pela actuação em causa;

b) O objectivo a alcançar com a actuação empreendida.

Pouco tempo depois, foi a Lei fundamental a dar ainda mais expressão ao princípio da boa-fé. Com a Revisão Constitucional de 1997[40], o artigo 266º passou a estabelecer:

[39] Cfr. Acórdão do STA, de 2.06.2003, Pº 01188/02/1ª subsecção (SANTOS BOTELHO): É que tal *principio* não deixa de ser actuante, em sede do direito administrativo, apenas pelo facto de não estar expressamente consagrado na lei.

[40] Lei Constitucional nº 1/97, de 20.09.1997.

(Princípios fundamentais)

1. A Administração Pública visa a prossecução do interesse público, no respeito pelos direitos e interesses legalmente protegidos dos cidadãos.

2. Os órgãos e agentes administrativos estão subordinados à Constituição e à lei e devem actuar, no exercício das suas funções, com respeito pelos princípios da igualdade, da proporcionalidade, da justiça, da imparcialidade e da boa-fé.

Com esta expressa enunciação do princípio da boa-fé ter-se-á pretendido *criar um clima de confiança e previsibilidade no seio da Administração Pública*[41], isto é, a ação cautelar e protetora acima aludida: obstar a situações de abuso do poder e de livre arbítrio e proteger os administrados contra obstáculos e entraves burocráticos dos órgãos e agentes da Administração.

Na versão do CPA decorrente do Decreto-Lei nº 4/2015, de 16 de novembro, o princípio da boa-fé passou a constar do artigo 10º que, em substância, manteve o regime estabelecido pelo anterior artigo 6º-A.

Princípio da boa-fé

1 – No exercício da atividade administrativa e em todas as suas formas e fases, a Administração Pública e os particulares devem agir e relacionar-se segundo as regras da boa-fé.

2 – No cumprimento do disposto no número anterior, devem ponderar-se os valores fundamentais do Direito relevantes em face das situações consideradas, e, em especial, a confiança suscitada na contraparte pela atuação em causa e o objetivo a alcançar com a atuação empreendida.

Sem embargo de o seu comando se dirigir também aos administrados, dele decorre, inequivocamente, que o princípio da boa-fé se impõe em todas as manifestações da atividade da Administração Pública, seja qual for a forma pela qual essa atuação se revista e seja qual for a fase do procedimento jurídico em que se inserira, portanto quer na formação, quer na celebração, quer na execução dos instrumentos jurídicos postos por lei à sua disposição para a realização das atribuições que lhe cabem, designadamente atos e contratos administrativos.

[41] Diogo Freitas do Amaral, *Curso de Direito Administrativo*, II, 2 ª ed., Almedina, 2011, pág. 147.

Por outro lado, resulta da delimitação do âmbito objetivo da sua aplicação, a que procede, que o que aqui é relevante e decisivo é a imposição de que a prossecução do interesse público, seja quem for que tenha o encargo de a levar a efeito, deve sê-lo com boa-fé e com a defesa dos *valores fundamentais do direito, relevantes em face das situações consideradas*. Impõe-se assim salientar, agora já num plano subjetivo, que, no respeitante aos contratos públicos, aquele dever deve ser acatado mesmo por aquelas entidades que são consideradas *contraentes públicos*, aqueles que, *independentemente da sua natureza pública ou privada, celebrem contratos no exercício de funções materialmente administrativas* (artigo 3º, nº 2 do CCP), o que, de resto, já resulta do nº 1 do artigo 1º-A daquele CCP.

Finalmente, e por um lado, adianta-se desde já que, não obstante os referidos preceitos legais apenas se reportarem à imposição do princípio da boa-fé aos órgãos e agentes da Administração Pública nas suas relações com os administrados, ele de igual modo vigora nas relações interadministrativas; por outro lado, outrossim se volta a realçar que o acatamento dessas manifestações legais do princípio da boa-fé igualmente se impõem à outra parte das relações jurídicas administrativas – os administrados[42].

[42] Sobre o princípio da boa-fé no direito administrativo em geral, e para além dos manuais e CPA's anotados que serão citados no correr do texto, ver, sobretudo, PEDRO MONIZ LOPES, *Princípio da Boa-fé e Decisão Administrativa Princípio da Boa-fé e Decisão Administrativa*, Almedina, Coimbra, 2011.

III. Conceito e modalidades de boa-fé

1. Inexistência de um conceito de boa-fé

1.1. Não causa estranheza que nem os romanos, nem os canonistas medievais, nem mesmo a doutrina alemã do século XIX tenham ensaiado elaborar um conceito de boa-fé. Compreende-se a dificuldade e até a inconveniência de uma tal tarefa se se tiver presente as vias que eram percorridas para a sua aplicação: a credibilidade, a fidelidade, o respeito pela palavra dada e a confiança, por uns, a qualificação dos comportamentos como não pecaminosos, por outros, e a confiança geral apreciada em bases de natureza social e coletiva pelos últimos. É difícil encerrar o conceito de *boa fé, enquanto princípio geral de direito, numa noção precisa e completa, fixada de uma vez por todas: ele constitui, antes, uma* ***linha geral de orientação jurídica****, um padrão ético-jurídico de avaliação das condutas humanas, como* ***honestas, correctas e leais.*** *E, conseguir dizer numa cláusula jurídica geral, quando é que isso ocorre, não só é impossível, como frustraria exactamente a função que estes princípios assumem, de "****escape****" ou de "****travão****" da ordem jurídica, que hão-de estar sempre abertos a novas aplicações*[43].

Com efeito, o conteúdo do instituto de boa-fé é de tal modo amplo e complexo que dificulta senão mesmo inviabiliza a sua concentração numa mera frase. E, todavia, essa dificuldade não obstou a que tenha sido guindado a princípio geral do ordenamento jurídico. Do que decorre

[43] Mário Esteves de Oliveira/Pedro Costa Gonçalves/João Pacheco de Amorim, *Código do Procedimento Administrativo Comentado,* 3ª ed., Almedina, 1998, pág. 109.

a conclusão de que a boa-fé é uma ferramenta jurídica cuja modelação e contornos conceptuais só podem ser encontrados e valorados em cada caso concreto, perante o circunstancialismo factual que pontualmente se apresenta.

Portanto, face a essa impossibilidade descritiva com carácter geral, para caracterizar a boa-fé, só resta lançar mão de exteriorizações comportamentais e de aquilatar a sua conformidade com determinados valores padronizados porque dominantes no tempo e no espaço: lealdade, seriedade, honradez, probidade, fidelidade, confiança, credibilidade, lisura, veracidade, segurança, retidão, adequação social, etc. [44].

1.2. A impossibilidade de concentrar a boa-fé num conceito não impede que, no âmbito da preservação daqueles valores, se enuncie alguns parâmetros que terão de estar sempre presentes nesse instituto e que o caracterizam, designadamente a reciprocidade, a generalidade, a transversalidade e a amplitude dos seus efeitos.

1.2.1 Porque se trata de comportamentos humanos, o conteúdo desse padrão de conduta é desde logo caracterizado pela ***reciprocidade***, no sentido de que, nas relações jurídicas, as pessoas nelas envolvidas confiam e, portanto, esperam, umas das outras, comportamentos impregnados de boa-fé, sendo esta exigência, portanto, recíproca.

Como adiante será salientado, essa reciprocidade não deixa de existir nas relações da Administração Pública com os administrados[45]. Estes, sem prejuízo da prossecução dos respetivos interesses e antes tendo presente a caracterização das relações que estabelecem com aquela, devem atuar com seriedade, clareza, lealdade, coerência e firmeza, manifestando as suas posições jurídicas com sentido de veracidade, credibilidade e probidade suscetíveis de inspirar confiança à outra parte.

[44] Cfr. Jesus Gonzalez Perez, *El principio general de la buena fe en el derecho administrativo, cit.*, pág. 18.

[45] A expressão *"Administração Pública"* vem sendo aqui utilizada no seu sentido amplo, abrangendo não apenas os órgãos e agentes da Administração considerada no seu sentido orgânico utilizado no nº4 da artigo 2º do CPA, mas quem quer que seja que exerça funções materialmente administrativas, sejam entidades públicas ou particulares, seja a título principal ou acessório (Cfr. Luis S. Cabral de Moncada, *Código do Procedimento Administrativo Anotado*, 2ª ed., Quid Juris, 2017, pág. 70).

Por seu turno, o órgão da Administração Pública, por si e através dos seus representantes ou agentes, deve, com a sua atuação, constituir um exemplo daqueles valores[46]. A Administração Pública tem não apenas de parecer, como fundamentalmente de ser uma *pessoa de bem*. O que, de resto, é requisito essencial para que possa exigir isso mesmo dos administrados: para que, nas suas relações com os cidadãos, a Administração Pública possa esperar confiadamente que terão comportamentos corretos, necessário é que ela própria assim proceda. É fundamental que, com a sua forma de agir correta, leal e coerente, a Administração crie e preserve nos administrados a firme convicção de que a sua atividade se destina a satisfazer o interesse coletivo e não a lesar o seu interesse particular. Designadamente num Estado de Direito democrático, a realização do interesse público, só porque de um interesse púbico se trata, não pode ser levada a cabo pela Administração Pública de qualquer modo ou a qualquer preço.

Este dever reveste-se de tais importância coletiva e intensidade valorativa que, como ficou referido, lhe foi dada a dignidade de figurar na Lei Fundamental (nº 2 do artigo 266º). De resto, como se verá, ainda que não constasse desse preceito ou do artigo 10º do CPA, a aplicação do instituto da boa-fé sempre se impunha por decorrer da sua qualificação como princípio geral do ordenamento jurídico. A este propósito, será adiante salientado que há mesmo quem entenda que *a boa fé* não é um conceito forjado pelo Direito, antes um conceito natural, para o qual a lei remete[47]. Obriga, pois, reciprocamente, todos os órgãos e agentes da Administração Pública e todos os cidadãos que com aquela estabelecem relações jurídicas.

1.2.2 O dever de agir com boa-fé é comum à ***generalidade*** dos cidadãos e das instituições jurídicas. É um padrão que se insere no ordenamento jurídico do país e, portanto, deve estar presente na generalidade das relações jurídicas estabelecidas e enquanto estas se mantiverem. É um conceito que está presente em qualquer manifestação da vida jurídica. Poderá considerar-se um arquétipo de conduta social e jurídica,

[46] Cfr. Diogo Freitas Do Amaral, *Curso de Direito Administrativo cit.*, II, pág. 148.

[47] Bonfante, conforme referência feita por, António Menezes Cordeiro, em *Da Boa Fé no Direito Civil cit.*, pág. 311.

estendendo a sua influência às relações humanas no seu todo desde que juridicamente relevantes, impregnando-as de deveres, além de outros, de lealdade no trato, honestidade nos procedimentos, esmero e diligência nas condutas, coerência das atitudes, fidelidade aos compromissos assumidos, respeito pela confiança inspirada aos demais intervenientes nas relações estabelecidas.

Em conclusão dir-se-á que o instituto da boa-fé é aplicável a todas as relações jurídicas, independentemente de serem públicas ou privadas, negociais ou extra-negociais, pré-contratuais ou contratuais, creditícias ou debitórias[48].

1.2.3 De algum modo conexionada com a referida característica da *generalidade,* como padrão geral de comportamento jurídico, a boa-fé caracteriza-se ainda pela sua ***transversalidade*** a todos os ramos do Direito, constituindo um travão que impõe limites quer ao exercício dos direitos dos cidadãos administrados, como ao exercício do poder pela Administração Pública. Já acima ficou salientado que o seu percurso extensivo para além das fronteiras do Direito privado não foi fácil nem rápido, mas foi regular, firme e progressivo, não sofrendo hoje contestação que está presente onde houver relacionamento humano com relevância jurídica, seja essa relação regida pelo Direito privado, quer o seja pelo Direito público.

Aliás, no que à Administração Pública diz respeito, é muito significativo que o artigo 3º do CPA, ao enunciar o *princípio da legalidade* que àquela se impõe, disponha que os seus órgãos *devem atuar em obediência à lei e ao direito.* Com efeito, é axiomático que a alusão a ambas as fontes de obediência obrigatória separadas pela copulativa evidencia que se não confundem: exprime claramente que os limites de atuação da Administração Pública são a lei e o *direito,* o que não pode deixar de significar

[48] *A boa fé pressupõe, na fase pré-negocial, a observância de deveres de informação, esclarecimento e lealdade, tendo em vista os interesses legítimos da contraparte. A responsabilidade pré-contratual, com a amplitude que lhe dá o citado preceito, abrange justamente os danos provenientes da violação desses deveres secundários do dever de boa-fé pré-negocial. É uma responsabilidade que tanto pode ocorrer no domínio dos contratos, como dos negócios unilaterais, ou até dos puros actos jurídicos que tenham um destinatário.* (Acórdão do STJ, Pº 6440/09.2TVLSB.L1.S1/15.05.2012). Este acórdão, como todos os que aqui são referidos, está disponível em *http://www.dgsi.pt*.

que a vinculatividade não decorre apenas da lei mas ainda de outras fontes do *direito*, onde avulta a dos princípios gerais de direito que, como tem sido e ainda voltará a ser referido, integram o ordenamento jurídico[49].

Especificamente no âmbito da contratação pública, a transversalidade manifesta-se não apenas por abranger todos os tipos de contratos públicos (quer os celebrados entre entidades públicas e particulares, quer os interadministrativos), como ainda por o instituto da boa-fé estar presente tanto na fase preparatória do contrato, como na sua celebração e bem assim na sua execução, o que expressamente consta do nº 1 do artigo 1º-A do CCP[50]. Por outro lado, tal como acontece em relação aos contratos privados, nos contratos administrativos o seu conteúdo não apenas engloba e exige o cumprimento do que tiver sido acordado e expressamente clausulado, como às respetivas consequências que estejam de harmonia com a boa-fé, os usos e lei[51].

Acresce que, como é abundantemente referido na jurisprudência, o instituto da boa-fé manifesta ainda a sua importância para o efeito de interpretar e valorar os factos supervenientes e relativos aos comportamentos das partes no contrato.

Enfim, a transversalidade da boa-fé traduz-se no facto de intervir na generalidade da vida jurídica, isto é, em qualquer das múltiplas formas em que se manifesta, envolvendo todos os atos e factos, direitos e seu exercício, obrigações e seu cumprimento, sempre existindo a possibilidade de emissão de um juízo sobre os comportamentos dos respetivos sujeitos[52].

1.2.4 Mais especificamente quanto à ***amplitude dos seus efeitos***, como aqui será evidenciado nos desenvolvimentos ulteriores, o insti-

[49] Cfr. Mário Esteves de Oliveira/Pedro Costa Gonçalves/João Pacheco de Amorim, *Código do Procedimento Administrativo Comentado cit.*, pág. 91 e Luis S. Cabral de Moncada, *Código do Procedimento Administrativo Anotado, cit.*, pág. 70)

[50] Jose Antonio Moreno Molina/Francisco Pleite Guadamillas, *La Nueva Ley del Sector Público*, 2ª ed., La Ley, 2009, Madrid, pág. 182 e Isabel Celeste Fonseca, *Direito da Contratação Pública – Estudos Reunidos*, Almedina, 2020, pág. 250).

[51] Francis Lefebvre, *Contratos Públicos – Memento Pratico*, ed. Ediciones Francis Lefebvre, 2004, Madrid, pág. 182.

[52] Cfr. Jesus Gonzalez Perez, *El principio general de la buena fe en el derecho administrativo cit.*, pág. 16.

tuto da boa-fé intervém quer como padrão valorativo de procedimentos, quer como fator de interpretação e integração de lacunas das leis e dos contratos, contribuindo para o esclarecimento de dúvidas e para um preenchimento adequado dos vazios de regulamentação, designadamente os decorrentes do uso de conceitos indeterminados, quer ainda como limite ao exercício de direitos, designadamente obstando ao abuso nesse exercício.

Relativamente aos poderes públicos, merece especial referência a sua potencialidade de controlo do exercício dos poderes discricionários, contrariando situações de desvio do poder, e, de um modo geral, evitando que se transforme na criação de situações de mera arbitrariedade.

2. Modalidades de boa-fé

Refletindo a evolução do conteúdo do instituto jurídico da boa-fé, designadamente em função das orientações do direito romano e do direito canónico, por um lado, e da doutrina alemã do século XIX, por outro, vem-se desde há muito estabelecendo variantes na boa-fé, distinguindo-se entre a ***boa-fé subjetiva*** e a ***boa-fé objetiva***[53].

2.1. A boa-fé subjetiva ou boa-fé psicológica

2.1.1 Esta modalidade de boa-fé traduz-se numa qualidade imputada ao sujeito[54]. Implica a convicção pessoal de que uma atividade jurídica que se leva a cabo – ação ou omissão – está em conformidade com a ordem jurídica estabelecida e com os valores éticos que a sustentam. Mais especificamente, traduz a representação na consciência do agente do

[53] *O conceito normativo de boa fé é utilizado pelo legislador em dois sentidos distintos: no sentido de boa fé objectiva, enquanto norma de conduta, ou seja, no plano dos princípios normativos, como base orientadora e fundamento de efectivas soluções reguladoras dos conflitos de interesses, alcançadas através da densificação, concretização e preenchimento pelos Tribunais desta cláusula geral; e no sentido de boa fé subjectiva ou psicológica,* isto é, como consciência ou convicção justificada de se adoptar um comportamento conforme ao direito e respectivas exigências éticas. (Acórdão do STJ, de 17-05-2012, Proc. 2841/03.8TCSNT.L1.S1 .

[54] António Menezes Cordeiro, em *Da Boa Fé no Direito Civil cit.*, pág. 407.

desconhecimento de um facto de conteúdo potencialmente lesivo dos direitos de outrem, portanto praticado com ausência de intenção ou mesmo de ciência da potencialidade de provocar essa lesão. É, pois, um estado de espírito – crença ou ignorância – de quem age; é *uma convicção pessoal sobre a licitude da respectiva conduta, sobre estar a actuar-se em conformidade com o direito, podendo resultar da existência dessa convicção consequências jurídicas favoráveis para o respectivo agente*[55]. Na sua dimensão interior, a boa-fé implica, portanto, o estabelecimento de condicionamento ao estado das pessoas.

Em termos pragmáticos, pode dizer-se que a boa-fé subjetiva, em geral ou, pelo menos, com muita frequência, se concretiza na convicção pessoal de que se está a exercer um direito próprio ou no desconhecimento de que se está a ofender um direito alheio.

2.1.2 Com alguma frequência se verifica, designadamente na jurisprudência, a afirmação, implícita ou explícita, de que *quem não está de boa-fé, está de má-fé.* Temos por incorreta essa asserção. Assim como não estar de má-fé não implica necessariamente que se esteja de boa-fé, a inversa é igualmente válida: não estar de boa-fé não implica necessariamente que se esteja de má-fé. A boa-fé não se limita a ser ausência de má-fé. Em todo o caso, é pertinente o cotejo entre os dois institutos: quando age de boa-fé, o sujeito está convencido da conformidade do seu comportamento com as normas jurídicas que o regulamentam, portanto da sua licitude; por seu turno, age de má-fé quem, conhecendo a ilicitude do seu comportamento, não se abstém de o levar a cabo. A boa-fé (ingenuidade) pode minorar a responsabilidade; a má-fé (astúcia, a picardia) pode agravá-la.

2.1.3 São exemplos da aplicação legal da boa-fé no seu sentido subjetivo as seguintes situações reguladas pelo Código Civil nos artigos. 119º, nº 3 (regresso do ausente), 243º, nº 2 (inoponibilidade da simulação), 291º nº 3 (inoponibilidade da nulidade e da anulação), 612º nº 2 (impugnação pauliana), 1260º nº 1 (posse), 1340º nº 4 (obras, sementeiras ou plantações em terreno alheio), 1648º (casamento putativo).

[55] Mário Esteves de Oliveira/Pedro Gonçalves/João Pacheco de Amorim, *Código do Procedimento Administrativo Comentado cit.*, págs. 108/109.

2.2. A boa-fé objetiva ou boa-fé ética

2.2.1 A boa-fé objetiva é uma regra de comportamento[56] estabelecida com base no socialmente exigível, é um modelo de conduta social. O seu elemento fulcral está no comportamento e na confiança que, em circunstâncias normais, as pessoas nele depositam, isto é, no que comummente significa. Tem a ver com conduta marcada por critérios que subentendem o respeito por determinados valores socialmente considerados como fundamentais nas relações das pessoas entre si[57]. Constitui *um padrão objectivo de comportamento e, concomitantemente, um critério normativo da sua valoração (Rui Alarcão) e significa, enquanto princípio geral de direito, que qualquer pessoa deve ter um comportamento correcto, leal e sem reservas, quando entra em relação com outras pessoas*[58]. Portanto, *a boa fé objectiva supõe o recurso a princípios, regras ou limites objetivos que pautem a conduta dos sujeitos jurídicos*[59]. É a boa-fé na sua dimensão exterior. Já foi afirmado que a boa-fé objetiva é um conceito de *geometria variável*, cuja constância é duvidosa em decorrência da sua porosidade, mas cuja vantagem, por isso mesmo, é a *flexibilidade.*

2.2.2 No Código Civil, a boa-fé no seu sentido objetivo é aplicada nos artigos 3º, nº 1 (valor jurídico dos usos), 227º, nº 1 (negociações na formação dos contratos), 239º (integração das lacunas), 272º (pendência da obrigação), 334º (abuso de direito), 437º, nº 1 (alteração das circunstâncias), e 762º, nº 2 (cumprimento das obrigações).

2.2.3 Acentue-se, por último que, a boa-fé objetiva, atualmente, tem a sua consagração na generalidade dos códigos civis[60]. Como exemplos indica-se os artigos 7º e 1528º do CC espanhol e do § 242 do CC alemão

56 António Menezes Cordeiro, em *Da Boa Fé no Direito Civil cit.*, pág. 407.

57 Luiz S. Cabral de Moncada, *Código do Procedimento Administrativo Anotado, cit.*, pág. 103.

58 Mário Esteves de Oliveira/Pedro Gonçalves/João Pacheco de Amorim, *Código do Procedimento Administrativo Comentado cit.*, pág. 108.

59 Marcelo Rebelo de Sousa, *O concurso Público na Formação do Contrato Administrativo*, LEX, 1994, p. 21, onde salienta que a boa-fé objetiva *atravessa todo o Direito dos Contratos, com saliência para os seguintes institutos: a "culpa in contrahendo", a integração dos contratos, o abuso de direito, a modificação dos contratos por alteração das circunstâncias e a complexidade intra-obrigacional.*

60 Cfr. António Menezes Cordeiro, *A Boa Fé nos Finais do Século XX cit.*, pág. 887.

de 1896, já acima referidos, o nº 3 do artigo 1134 do CC francês e o artigo 1337º do CC italiano.

2.3. Unificação conceptual da boa-fé

Nos tempos mais recentes vem tomando volume a orientação que defende a unificação conceptual de boa-fé, colocando em causa a pertinência da subdivisão em dois compartimentos, designadamente quanto à autonomia da boa-fé subjetiva. Segundo esse entendimento, a mera convicção pessoal de conformidade não basta para a ocorrência da boa-fé jurídica; o estado de espírito só por si e desligado de valorações baseadas em parâmetros comportamentais normativos não tem a virtualidade de conduzir aos efeitos jurídicos decorrentes do instituto da boa-fé. A boa-fé subjetiva seria uma mera projeção da boa-fé objetiva[61]. *A boa-fé subjectiva assume hoje uma dimensão objetivizada ou normativa, pois exige a acumulação do desconhecimento da lesão de direitos alheios com o cumprimento de deveres de proteção ou de informação. Isto é: existe um elo natural (embora de génese jurídica) entre os padrões da boa-fé objectiva e a ocorrência da boa-fé subjetiva*[62]. Isso mesmo parece refletido no nº 1 do artigo 227º do CC ao dispor: *Quem negoceia com outrem para conclusão de um contrato deve (...) proceder segundo as regras da boa fé, sob pena de responder pelos danos que culposamente causar à outra parte.* Como igualmente sucede no nº 1 do artigo 7º do CC espanhol: *Os direitos devem ser exercidos de acordo com os requisitos de boa-fé.*

Sobre este assunto, entende-se que os pressupostos concretos da boa-fé podem apresentar – e apresentam – múltiplos aspetos, mas sempre existe um elemento unificador e determinante constituído pela sua referência a valores comportamentais normatizados, isto é, nos casos considerados de boa-fé subjetiva existe uma visão complementar de dimensão objetiva ordenadora. Quer isso dizer que, só por si, a boa-fé subjetiva é inoperante: ou há uma valoração subsequente ou não há

[61] Mário Esteves de Oliveira/Pedro Gonçalves/João Pacheco de Amorim, *Código do Procedimento Administrativo Comentado cit.,*. 109.

[62] Marcelo Rebelo de Sousa, *O concurso Público na Formação do Contrato Administrativo* cit., p. 22.

juridicamente nada. Isso mesmo foi já considerado em fundamentação de decisão judicial: *Não envolve, pois, qualquer contradição, incongruência ou défice de fundamentação considerar-se, perante determinada situação de facto, que certo comportamento de uma das partes no desenvolvimento de uma específica relação contratual* ***viola culposamente os deveres ínsitos ou decorrentes do princípio da boa fé objectiva,*** *gerando, desse modo, responsabilidade civil pelos danos culposamente causados à contraparte, apesar de se ter por* ***não provado o dolo ou intenção de prejudicar,*** *que consubstanciaria um caso de má fé psicológica ou subjectiva (e que nunca constituiria, como é óbvio, pressuposto da invocada responsabilidade civil do tomador de seguro pela violação dos deveres laterais ou acessórios a que estava vinculado)*[63].

3. Referências jurisprudenciais

1. *O conceito normativo de boa fé é utilizado pelo legislador em dois sentidos distintos: no sentido de boa fé objectiva, enquanto norma de conduta, ou seja, no plano dos princípios normativos, como base orientadora e fundamento de efectivas soluções reguladoras dos conflitos de interesses, alcançadas através da densificação, concretização e preenchimento pelos Tribunais desta cláusula geral; e no sentido de boa fé subjectiva ou psicológica, isto é, como consciência ou convicção justificada de se adoptar um comportamento conforme ao direito e respectivas exigências éticas. 2. Em litígio visando a efectivação da responsabilidade civil do tomador de seguro, originada pela prestação culposa, aquando da participação de sinistro, de declarações inexactas – decisivas para apurar da cobertura efectiva do risco – o que essencialmente releva é o plano da boa fé objectiva, sendo necessário determinar, por preenchimento e densificação da referida cláusula geral, se o comportamento do recorrente consubstanciado nos factos provados, viola ou não os ditames da boa fé objectiva, tal como devem ser concretizados no âmbito da específica relação contratual – contrato de seguro de acidentes de trabalho na modalidade de prémio variável, mediante inclusão dos trabalhadores nas folhas de férias remetidas à seguradora – independentemente da existência de dolo ou intenção de prejudicar por parte do tomador de*

[63] Supra referido acórdão do STJ, de 17-05-2012, Proc. 2841/03.8TCSNT.L1.S1. Cite-se ainda um outro acórdão do STA (de 18.06.2003, Pº 01188/02): *Por outro lado, para que se possa, válida e relevantemente, invocar tal princípio é necessário ainda que o interessado em causa não o pretenda alicerçar apenas, na sua mera convicção psicológica, antes se impondo a enunciação de sinais exteriores produzidos pela Administração suficientemente concludentes para um destinatário normal e onde seja razoável ancorar a invocada confiança.*

seguro. 3. Ao incluir nas folhas de salários remetidas à seguradora alguém que nunca fora seu trabalhador e a quem nunca havia pago qualquer salário – como resulta cabalmente do reconhecimento confessório constante da carta, remetida à seguradora no âmbito do procedimento de averiguações posterior ao momento em que esta havia assumido inicialmente as suas responsabilidades, com base na declaração inverídica apresentada logo após o acidente laboral – violou o tomador de seguro um fundamental dever de exactidão e verdade, decorrente do princípio da boa fé objectiva no cumprimento do contrato de seguro, devendo, consequentemente, responder civilmente pelos danos causados culposamente à contraparte.

Acórdão do STJ, de 17-05-2012/ Pº 2841/03.8TCSNT.L1.S1/7ª Sec..

(...) V – O princípio da boa fé objetiva impõe às partes contratantes deveres de lealdade, transparência, cuidado e prestação de informações necessárias, com base no qual o proponente deve apresentar contratos redigidos, de forma clara e precisa, e não obscura, dúbia ou contraditória, com caracteres legíveis, destacando as cláusulas que impliquem limitações aos direitos do aderente, por forma a evitar o aparecimento de cláusulas estipuladas no contrato, de natureza imprevisível, ou, mesmo, cláusulas não condizentes com a realidade, e possibilitar ao consumidor o entendimento adequado dos termos do contrato, porque este foi celebrado, sob determinadas circunstâncias, em decorrência da aparência global exibida. (...)

Acórdão do STJ, de 02.06.20015, pº 109/13.0TMBLD.P1.S1.

O princípio da boa-fé objetiva impõe às partes durante a execução dos contratos, uma atuação pautada nos deveres de honestidade, lealdade e informação, consoante estabelecem o artigo 422 do Código Civil e artigo 4º, inciso III, do CDC.(...)

Acórdão do STJ, de 18.11.2015, pº 907278.

(...) O abuso do direito (art. 334 CC), sem deixar de espelhar uma notória desconformidade com a juridicidade fisiologicamente sã, apesar de tudo não envolve um juízo tão pesado de reprobabilidade quanto a declaração de usura. É o abuso do direito um instituto de grande plasticidade, sobretudo se entendido em termos modernos e hábeis, sem o casulo subjetivista que já o entorpeceu no passado. E especificamente podendo prescindir de um numerus clausus de brocardos.(...)

Acórdão do STJ, de 17.12.2019, pº 80/12.1TBMMV.C1.S2.

IV. Os princípios gerais de direito

1. Caracterização

1.1. Das considerações anteriormente feitas, decorre que, do ponto de vista da sua aplicação, a boa-fé foi erigida em princípio geral e fundamental de direito. O que justifica e mesmo implica alguma atenção ao conceito, natureza e funções dos princípios gerais de direito.

Nessas considerações precedentes, foi igualmente referido que o ordenamento jurídico não é apenas constituído pelo direito normatizado e plasmado em diplomas legais elaborados e postos em vigor nos termos estabelecidos pela Lei Fundamental.

Recordemos que, nos termos do nº 2 do artigo 266º da CRP, *os órgãos e agentes administrativos estão subordinados à Constituição e à lei e devem actuar, no exercício das suas funções, com respeito pelos princípios da igualdade, da proporcionalidade, da justiça, da imparcialidade e da boa-fé.* Portanto, em obediência a este preceito, a Administração Pública deve acatar os comandos constitucionais, os decorrentes do direito positivo e, além destes, os que decorrem dos princípios gerais de direito, designadamente os que, a título exemplificativo, menciona e entre os quais está o princípio da boa-fé. Por outro lado, tenha-se ainda presente o já referido artigo 3º do CPA relativo ao *princípio da legalidade,* o qual, voltando a salientar que o direito se não limita ao decorrente dos preceitos plasmados na lei, dispõe que os *órgãos da Administração Pública devem atuar em obediência à lei e ao direito, dentro dos limites dos poderes que lhes forem conferidos e em conformidade com os respetivos fins.*

Portanto, para além do direito constante dos *diplomas legais normativos* (leis, decretos-lei e regulamentos), vigora um conjunto de princípios gerais que, cada um de per si ou em articulação uns com os outros, criam direitos e impõem os correspondentes deveres nas relações da vida jurídica. Constituem um imprescindível elemento unificador do direito[64]. Por isso, são chamados e têm um relevante papel na aplicação concreta do direito, intervindo quer para resolver problemas causados pela falta de soluções diretamente decorrentes do direito legislado, quer mesmo para corrigir anomalias a que aquele, na sua interpretação e respetiva aplicação, possa pontualmente conduzir. E essa plurifacetada intervenção abarca toda a atividade da Administração Pública, seja qual for a forma por que se desenvolva. Consequentemente, a atividade que se concretize através da formação, celebração e execução de contratos não foge a esse campo de ação. Aliás, como aqui se vem salientando, com referência ao princípio da boa-fé o nº 1 do artigo 10º do CPA estabelece expressamente que se impõe *no exercício da atividade administrativa e em todas as suas formas e fases*. Dito por outras palavras: *Os princípios jurídicos sempre foram e vão continuar a ser uma* ***fonte de direito fundamental da contratação pública***[65].

Constituem mesmo uma obrigatória e até prevalecente fonte de direito que se impõe por si, sem necessidade de especial manifestação do legislador[66]. Reafirmando o acima dito, os princípios fundamentais de direito têm força vinculativa própria. O legislador, quando faz reverter esses princípios em direito legislado, não cria nem estabelece direito *ex novo*; diferentemente, nesses casos de expressa enunciação, mais não faz do que reconhecer uma realidade jurídica já anteriormente existente[67].

[64] Cfr. José António Molina/Francisco Pleita Guadamillas, *La Nueva Ley de Contratos del Setor Público, cit.*, 2009, pág. 181.

[65] Rodrigo Esteves de Oliveira, *Os Princípios Gerais na Contratação Pública,* Estudos de Contratação Pública – I, 2008, pág. 51.

[66] Cfr. *Contratação Pública Autárquica,* Relatório Final elaborado por um Grupo de Trabalho do Centro de Estudos de Direito do Ordenamento, do Urbanismo e do Ambiente, integrado pelos Profs. Doutores Fernando Alves Correia, António Barbosa de Melo, Pedro Gonçalves e pelos Mestres Ana Raquel G. Moniz e Dulce Lopes, Almedina, 2006, pág. 43.

[67] Cfr. Jesus Gonzalez Perez, *El principio general de la buena fe en el derecho administrativo*, cit., pág. 15.

O que é correntemente afirmado pela jurisprudência e pela doutrina[68]. Como exemplo da primeira: *Com efeito, uma das fontes não voluntárias do direito administrativo consiste nos princípios jurídicos fundamentais, cuja validade e obrigatoriedade não está dependente do facto de serem ou não acolhidos pelo legislador*[69]. Quanto à doutrina, e também apenas exemplificando, cita-se o ensinamento de AFONSO QUEIRÓ: os *princípios jurídicos fundamentais* são *um conjunto de máximas ou directrizes jurídicas para-estaduais, autónomas em relação às decisões do legislador constituinte e cuja validade e obrigatoriedade não depende do facto de serem acolhidas na constituição escrita de um Estado que se diga Estado-de-Direito. Vinculam o legislador constituinte – de tal maneira que, quando este as contraria, as normas constitucionais se têm de considerar juridicamente inválidas e não obrigatórias*[70]. O que adiante de novo será salientado. São, portanto, *razões de primeira ordem que justificam as estatuições das regras*[71].

Trata-se de princípios que, *indiferentes* à evolução dos Ordenamentos Jurídicos concretos e às divergências dos sistemas políticos, permanecem como elementos *comuns a qualquer ideia de Direito, por serem da sua essência;* é portanto *um conjunto de princípios perenes que, nascidos antes e à revelia do Estado e do direito por este criado, constituem o núcleo basilar de toda e qualquer ordem jurídica que nele fazem repousar o seu fundamento primeiro. São emanações da própria ideia do Direito*[72]. *Os princípios gerais de direito exprimem valores materiais básicos de um ordenamento jurídico, aqueles sobre os quais se constituem, como tal, as convenções ético-jurídicas fundamentais de uma comunidade.* São fruto da experiência da vida jurídica e através dela conhecidos[73].

[68] Se bem entendemos, em sentido diferente se pronunciam J. M. SÉRVULO CORREIA e FRANCISCO PAES MARQUES (*Noções de Direito Administrativo –, cit.*, pág. 194), segundo os quais os *princípios gerais de Direito Administrativo não podem ser entendidos como "fontes não voluntárias", no sentido de algo diretamente resultante da conceção do homem e do mundo dominante em certa sociedade, ainda que em conjugação com a Ideia de Direito. Esses princípios são uma emanação do direito positivo, cuja unidade demonstram e racionalizam (...) são uma abstração do Direito positivo, uma síntese construtiva feita a partir dos seus preceitos.*

[69] Acórdão do STA, de 18.06.2003, pº 1188/02, SANTOS BOTELHO, *http://www.dgsi.pt*.

[70] AFONSO QUEIRÓ, *Lições de Direito Administrativo* (policopiadas), 1976, Coimbra, pág. 294.

[71] PEDRO MONIZ LOPES, *Contratos Administrativos e Boa Fé,* ed. AAFDL, 2019, pág. 113.

[72] MÁRIO ESTEVES DE OLIVEIRA, *Direito Administrativo,* I, Almedina, 1980, págs. 94/95.

[73] EDUARDO GARCÍA DE ENTERRÍA/TOMÁS-RAMÓN FERNÁNDEZ, *Curso de Derecho Administrativo, I, cit.*, pág.85.

São *princípios* porque são *máximas* ou *diretrizes,* com uma base ontológica visando imprimir coerência ao ordenamento jurídico; são *gerais* porque se não reportam a uma situação concreta ou mesmo a um tipo de situações, como sucede com a norma jurídica, da qual, como adiante será exposto, se distingue; e são de *direito* porque a sua relevância não é apenas moral ou social, mas, repete-se, fonte de direito e norteador do ordenamento jurídico.

Embora não assumam a forma escrita, os princípios gerais de direito estão incluídos no ordenamento jurídico, conformando-o na medida em que exprimem orientações e diretrizes, estabelecem critérios ou definem valores que o enformam[74]. Na sua função de fonte de direito, os princípios gerais imprimem sentido lógico e coerente ao ordenamento jurídico, resolvendo e integrando carências normativas e dando base lógica a tarefas hermenêuticas[75]. Aquelas orientações normativas impõem comportamentos conducentes à realização de certos valores na medida máxima permitida pelo circunstancialismo factual e jurídico de cada caso.

Há mesmo quem considere os princípios gerais do direito emanações do Direito Natural[76].

1.2. A perenidade dos princípios gerais de direito não prejudica a sua capacidade de se ir constantemente amoldando à evolução dos valores que subjazem ao seu conteúdo e que é imposta pela sociedade ao longo do tempo. Efetivamente, porque se trata de critérios valorativos de comportamentos humanos nas suas relações jurídicas segundo valores

[74] Ramón Parada, em *Curso de Derecho Administrativo, I, cit.*, pág. 80, faz referência a Exposição de Motivos da Ley de la Jurisdicción Contencioso-Administrativa de 27 de dezembro de 1956 (Espanha), que, a propósito dos fundamentos de impugnação do ato administrativo, considera que a conformidade ou desconformidade de um ato genericamente com o Direito não se refere apenas ao Direito escrito, mas ao Direito em geral, isto é, ao ordenamento jurídico, *por entender que reduzi-la simplesmente às leis equivale a incorrer num positivismo ultrapassado e esquecer que o jurídico se não limita e circunscreve às disposições escritas, senão que se estende aos princípios e à normatividade imanente à natureza das relações institucionais.*

[75] Victor Escartín Escudé, *Principios Generales de la Contratación Pública,* Diccionário de la Contratación Pública, Iustel, 2009, pág. 501.

[76] Cfr. Mário Esteves de Oliveira, *Direito Administrativo, cit.*, pág. 95 e Luiz S. Cabarl de Moncada, *Código do Procedimento Administrativo Anotado, cit.*, 2ª ed., Quid Juris, 2017, pág. 66. Cfr. ainda Ramón Parada, *Derecho Administrativo, I,* Marcial Pons, 15 ed., 2004, pág. 74.

de base ética enraizados na consciência coletiva, constitui fenómeno natural esse seu amoldamento ao evoluir dos valores que os determinam, não se tratando, portanto de figuras estáticas e definitivas, antes dinâmicas e atualizáveis segundo a evolução desses valores.

1.3. Por outro lado, da primazia dos princípios jurídicos gerais sobre o próprio direito positivo[77] resulta uma hierarquização de fontes de di-

[77] Esta orientação de prevalência dos princípios gerais de direito foi dificilmente aceite por ser considerada de todo avessa às linhas orientadoras do positivismo jurídico, sendo nesse sentido significativo que o Código de Napoleão não lhes fizesse uma única referência. Quando muito, limitava a sua intervenção como auxiliar na interpretação do direito positivo ou de integração das suas lacunas (cfr. RAMÓN PARADA, *Curso de Derecho Administrativo, I, cit.*, pág. 75). De resto, ainda hoje está longe de ser seguida por todos, havendo quem entenda ser de preservar, mesmo em caso de conflito, o primado da lei com sacrifício dos princípios. Cfr. MÁRIO ESTEVES DE OLIVEIRA, *Direito Administrativo cit.*, págs. 95/96 onde refere, como seguidores desta orientação, GARRIDO FALLA e, entre nós GOMES CANOTILHO e VITAL MOREIRA. Acrescentamos PEDRO FERNÁNDEZ SÁNCHEZ, que em *Direito da Contratação Pública I*, aafdl 2020., págs. 51 e 63, refere: *Não pode, pois, ser invocado um princípio oponível pelo juiz para a desaplicação da escolha do legislador, pois que este já realizou a ponderação que seria cabível e já selecionou qual o princípio que obteria preferência no caso concreto.* Só assim não será, isto é, aplica-se o princípio em substituição da norma quando – *em situações pontuais e limitadas* – o princípio tem força jurídica – constitucional ou europeia – superior à da norma. E é na continuidade dessa orientação que AMARAL E ALMEIDA e PEDRO FERNÁNDEZ SÁNCHEZ escrevem: (...) *o recurso à via principialista tem de ser corretamente enquadrado pelo legislador sempre que se deteta que os aplicadores do Direito se propõem alargar o número de casos concretos resolvidos com base em princípios sem primeiro apreenderem o que significa um princípio jurídico e qual a sua função normativa no ordenamento. Desconhece-se que, servindo de critérios de decisão que se destinam a ser ponderados com princípios contrários, pode o legislador, tendo em vista evitar uma situação de insegurança jurídica, encarregar-se, ele próprio, de proceder antecipadamente a essa ponderação, estabelecendo uma regra jurídica que determina – de modo definitivo – a solução aplicável a todos os casos que se subsumam na sua previsão. Sempre que a litigiosidade inerente a um dado problema jurídico faz prognosticar que a certeza jurídica pode ser ameaçada no caso de recurso a uma ponderação de princípios jurídicos opostos, o legislador furta ao aplicador (e ao juiz) a possibilidade de pesagem do conteúdo de cada princípio: o conflito de princípios é imediata e definitivamente solucionado através de uma regra que se aplica numa lógica de tudo ou nada – por exemplo, uma regra que fixa um limite quantitativo para a adoção de um procedimento não concorrencial* (Em *Comentários ao Anteprojeto de Revisão do Código dos Contratos Públicos* (Agosto de 2016) – Regime da Contratação Pública, Lisboa: Sérvulo & Associados, 2016, pág.33, disponível em *https://www.servulo.com/xms/files/00_SITE_NOVO/01_CONHECIMENTO/02_LIVROS_ARTIGOS_CIENTIFICOS/2016/Livros/Comentarios_ao_Anteprojeto_de_Revisao_do_Codigo_dos_Contratos_Publicos.pdf*).

reito[78] com muito relevantes efeitos no âmbito da sua interpretação e aplicação. Dessa primazia decorre que as normas deste direito normatizado contrárias a qualquer daqueles princípios serão, como Afonso Queiró refere citando Castanheira Neves, autênticas perversões do poder legislativo, *leis corruptas,* e até, tratando-se de normas da lei fundamental, seriam *normas da Constituição anticonstitucionais*[79]. Para estes Autores, aqueles princípios teriam um valor sagrado: *absoluta não é a constituição; absoluto é o Direito,* afirmou o último daqueles Autores. Daí que, além de outras situações possíveis, pontualmente, pode um determinado direito de que se é titular ser contrariado pelo direito globalmente considerado através de um princípio jurídico geral. Nesse caso, em consequência daquela superioridade hierárquica, esse direito é afastado pelo Direito[80]. Por isso, e por outras palavras, se diz que, *nem tudo o que é lícito é honesto*[81].

1.4. Os Autores referem numerosos exemplos desses princípios não expressamente como tal enunciados, entre os quais figuram: o direito à participação política comunitária, a intangibilidade dos direitos fundamentais expressão da personalidade humana, o respeito da dignidade da pessoa humana, a ilegitimidade de discriminações arbitrárias, a proibição do excesso, o princípio da igualdade jurídica, a ilegitimidade da expropriação sem justa indemnização, a não retroatividade das leis de incriminação e de punição, a relevância jurídica do justo impedimento, a proibição de negócios contra os bons costumes e a proteção da boa-fé.

[78] Refira-se que nem o Código Civil de Seabra nem o atualmente vigente fazem qualquer referência aos princípios gerais, diferentemente do que sucede com o Código Civil espanhol que no nº 4 do artigo 1º dedicado às fontes de direito: *Os princípios gerais de direto aplicam-se na falta de lei ou de costume, sem prejuízo do seu caráter informador do ordenamento jurídico*

[79] *Lições de Direito Administrativo I* cit., págs. 293/294/296/297.

[80] Cfr. Diogo Leite de Campos, *Boa Fé de Segurança Jurídica em Direito Tributário,* disponível em *https://portal.oa.pt/publicacoes/revista/ano-2008/ano-68-vol-i/doutrina/diogo-leite-de-campos-boa-fe-e-seguranca-juridica-em-direito-tributario/*

[81] Paulo Otero, *Legalidade e Administração Pública – O sentido da Vinculação Administrativa à Juridicidade,* Almedina, 2003, pág. 769. Sobre o tema, ver ainda Pedro Fernández Sánchez, *Direito da Contratação Pública I,* aafdl, 2020, pág. 51 e Rodrigo Esteves de Oliveira, *Os princípios gerais da contratação pública, cit.,* Estudos de Contratação Pública, I, pág. 51.

Em regra, os princípios gerais de direito são comuns e têm um reconhecimento transversal à generalidade dos países, designadamente aos de cultura europeia e outros que gravitam no seu âmbito, sem prejuízo de ajustamentos decorrentes de sentimentos dominantes nas respetivas zonas de influência, da existência de princípios que, em função de sentimentos específicos de certa comunidade, têm o seu âmbito a ela limitado e da sua evolução com o decorrer do tempo[82].

1.5. Refira-se, por último, que, com frequência, estes princípios gerais se desdobram em subprincípios que os densificam. Nestes casos em que há princípios que são decorrência ou prolongamento de um outro, estabelece-se entre esses e aquele uma relação de hierarquia, sendo que uns, pelo seu conteúdo, podem ter mais incidência para determinada situação ou mesmo para determinado campo de relação jurídica que outro[83].

2. Os princípios gerais na Administração Pública

2.1. É hoje aceite sem oposição que os princípios gerais de direito são uma fonte do Direito Administrativo nas várias áreas da vida jurídica que aquele abarca[84].

Pode dizer-se que os princípios gerais de direito têm um papel fundamental em todos os ramos do Direito, mas no âmbito do Direito Administrativo, essa proposição tem uma particular acuidade. Isso ficará a dever-se, desde logo, ao próprio processo formativo do Direito Administrativo nas várias formas que assumiu ao longo do tempo. Designadamente quando o Direito Administrativo ainda não estava codificado, as leis administrativas surgiam à medida das necessidades e concretamente dirigidas para estas, com carácter de generalidade muito limitado, de

[82] Cfr. Mário Esteves de Oliveira, *Direito Administrativo, cit.*, pág. 97.

[83] Rodrigo Esteves de Oliveira, *Os princípios geris da contratação pública*, Estudos de Contratação Pública, I, pág. 58.

[84] Cfr. Mário Esteves de Oliveira, *Direito Administrativo, cit.*, págs. 94 e seguintes, Afonso Rodrigues Queiró, *Lições de Direito Administrativo* (polic.), I, págs. 291 e seguintes, Luiz S. Cabarl de Moncada, *Código do Procedimento Administrativo Anotado, cit.*, 2ª ed., pág. 65 e Fausto Quadros, *Comentários à Revisão do Código do Procedimento Administrativo*, Almedina, 2016, pág. 19, Didier Truchat, *Droit Administratif*, 3ª ed., Themis Droit, pág. 179.

feição pragmática, *limitando-se a descobrir o mecanismo administrativo cuja criação parece necessária ou um procedimento imprescindível para a atividade administrativa. Desde o princípio, pois, as leis administrativas estabelecem as suas disposições, não à vista de categorias jurídicas definidas abstratamente em termos gerais, mas à vista de casos concretos*[85].

Assim, pela sua natureza, o Direito Administrativo normatizado tem uma generalidade e uma abstração nem sempre evidentes, deixando muitos espaços em aberto, sucedendo que, com frequência, aqueles espaços foram propositadamente assim deixados em branco pelo legislador com vista a preenchimentos pontuais de acordo com critérios valorativos fornecidos pelos princípios gerais e pelo circunstancialismo concreto que cada caso impõe[86].

O que explica e justifica os numerosos princípios enumerados, por exemplo, nos artigos 10º do CPA e 1º-A do CCP[87].

Mas não são os únicos. No que respeita à contratação pública, importa salientar que a celebrada no âmbito da legislação comunitária está ainda submetida a um conjunto de princípios gerais constantes das diretivas relativas aos contratos. Mas isso não significa que apenas esses contratos estejam submetidos a esses princípios, devendo salientar-se que, como é frequentemente posto em evidência pelo TJUE[88], o seu acatamento se

[85] Ramón Parada, *Curso de Derecho Administrativo, I, cit.*, pág. 77.

[86] Cfr. Rodrigo Esteves de Oliveira, *Os princípios gerais da contratação pública cit.*, Estudos de Contratação Pública, I, pág. 51 e Marcelo Rebelo De Sousa, *Direito Administrativo Geral, Actividade Administrativa, cit.*, III, págs. 513 a 515.

[87] No específico campo da contratação pública, a importância dos princípios gerais de direito é cada vez mais evidente. Nesse sentido, Pedro Fernández Sánchez, *Direito da Contratação Pública, I, cit.*, pág. 51, Victor Escartín Escudé, *Principios Generales de la Contratación Pública, cit.*, pág. 501, Jose Antonio Moreno Molina/Francisco Pleite Guadamillas, *La Nueva Ley de Contratos del Sector Público*, cit., pág. 182, Mário e Rorigo Esteves de Oliveira, *Concursos e Outros Procedimento de Contratação Pública, cit..*, pág. 168 e Rodrigo Esteves de Oliveira, em *Os princípios gerais da contratação pública cit.*, Estudos de Contratação Pública, I, págs. 51/52 onde afirma: *Aliás, não arriscaríamos muito se disséssemos que a contratação pública é certamente uma das matérias em que mais se sente a importância concreta ou prática dos princípios jurídicos, bastando referir para o efeito os inúmeros "casos" decididos pelas entidades adjudicantes e, em última instância, pelos nossos tribunais com fundamento directo e autónomo numa norma deles retirada ou neles implícita, sem esquecer também a jurisprudência comunitária, que tantas vezes se faz eco dos princípios da contratação pública.*

[88] Como sucede com os Acórdãos Teleaustria (C-324/98) e Ker-Optika (C-108/09).

impõe transversalmente a toda a atividade de contratação pública desenvolvida pelos órgãos dos Estados Membros, inclusivamente àqueles contratos cujo valor se situa abaixo dos limiares comunitários e, portanto, estão fora do âmbito de aplicação do direito contratual das diretivas comunitárias. Aquela aplicação genérica terá o seu fundamento em vários preceitos do Tratado de Roma[89].

2.2. Face à natural insuficiência da capacidade de previsão do legislador relativamente às situações da vida real merecedoras da tutela do Direito, agravadas pelo ritmo cada vez mais incontrolável e imprevisível da constante evolução dessas situações, os princípios grais de direito, pela sua abstração, generalidade e perenidade, são fatores a quem se tem reconhecido uma muito relevante intervenção que pode assumir uma feição múltipla[90]: *interpretativa,* na medida em que constitui elemento de interpretação das normas de direito escritas, intervindo na determinação do seu sentido e alcance, podendo conduzir a resultados extensivos ou restritivos, de harmonia com o circunstancialismo de cada caso[91]; *limitativa e de controlo* do exercício da atividade da Administração Pública, designadamente obstando ou corrigindo situações de excesso ou abuso de poder (atividade vinculada) e retirando validade jurídica a situações de desvio do poder (atividade discricionária); *integrativa,* pois pode ainda servir para o encontro de soluções adequadas para preencher os espaços normativos que foram deixados em aberto, portanto, a suprir a falta de regulamentação de um caso concreto[92] e *de legitimação,*

[89] Cfr. Jose Antonio Moreno Molina/Francisco Leite Guadamillas, *La Nueva Ley del Sector Público, cit.*, pág. 182), Miguel Nogueira de Brito, *Os Princípios Jurídicos dos Procedimentos Concursais,* disponível *em http://www.icjp.pt/sites/default/files/media/1024-2234.pdf* e Ana Raquel Gonçalves Moniz, *Princípios da Contratação Pública,* Revista de Contratos Públicos ed. Cedipre/Almedina, nº 11, págs. 40/41 e Rodrigo Esteves de Oliveira, *Os princípios gerais da contratação pública cit.,* Estudos de Contratação Pública, I, pág. 61.

[90] Cfr. Rodrigo Esteves de Oliveira, *Os princípios gerais da contratação pública cit.,* Estudos de Contratação Pública, I, pág. 52/55.

[91] Ricardo Branco, *Os princípios gerais em matéria de formação dos contratos públicos,* em Comentários ao Código dos Contratos Públicos, vol. I, org. de Carla Amado Gomes e outros, aafdl, 2021, pág. 332.

[92] Cfr. Miguel Nogueira de Brito, *Os Princípios Jurídicos dos Procedimentos Concursais,* disponível *em http://www.icjp.pt/sites/default/files/media/1024-2234.pdf* e Ricardo Branco, *Os princípios gerais em matéria de formação dos contratos públicos,* em Comentários ao Código dos

dando cobertura ou obstando a determinada solução decorrente do direito positivo plasmado nas leis e regulamentos: *a solução é intrínseca e juridicamente válida na medida em que não viole um princípio supra-ordenado*[93].

Acresce ainda que, como é a própria Administração Pública a criar o direito plasmado em normas legais ou regulamentares, é real o risco de, nessa ação, sobrevalorizar a proteção dos interesses próprios com sacrifícios inaceitáveis para os administrados[94]. Ao que os princípios gerais de direito podem obviar.

Fecundar a acção; é esse o papel dos princípios gerais. Os princípios gerais desempenham assim um papel primacial na interpretação do direito e na sua aplicação aos casos concretos pela Administração. Obrigam-na a uma aplicação com preocupações legitimatórias respeitando o respetivo conteúdo axiológico. A interpretação e aplicação devem atender ao direito que os princípios gerais corporizam e não apenas à lei.[95]

Porque assim é, no que ao âmbito da atividade da Administração Pública diz respeito, a sua submissão a princípios gerais de direto tem particular relevância pelo papel que desempenham como instrumento jurídico garantístico da credibilidade e confiança que transmite aos administrados, constituindo, designadamente, um travão ou limite e um meio de controlo do exercício do poder discricionário pelos órgãos e agentes da Administração Pública[96]. Os princípios gerais de direito constituem um elemento sem o qual o âmbito da atividade da Administração Pública e, em especial, o da contratação, se poderia ver caracterizado pela arbitrariedade no exercício dos seus poderes públicos, especial-

Contratos Públicos, vol. I, org. de Carla Amado Gomes e outros, aafdl, 2021, págs. 332 e seguintes. Este Autor refere ainda *uma importante **função de legitimação** (de "sanção" ou de "sinal verde" se se quiser) das próprias regras constantes da lei ou dos regulamentos administrativos das soluções deles constantes (a solução é intrínseca e juridicamente válida **de jure condito** na medida em que não viole um princípio supra-ordenado; ou contribui(em) negativamente, é dizer, o seu efeito é o de afastar a aplicação de uma determinada regra escrita que lhe esteja infra-ordenada e que com ele seja desconforme ou incompatível (...).*

93 Cfr. Rodrigo Esteves de Oliveira, *Os princípios gerais da contratação pública cit.*, Estudos de Contratação Pública, I, pág. 54.

94 Cfr. Eduardo García de Enterría/Tomás-Ramón Fernández, *Curso de Derecho Administrativo, I, cit.*, págs.86/88.

95 Luiz S. Cabral De Moncada, *Código do Procedimento Administrativo Anotado, cit.*, pág. 65.

96 Cfr., E. García de Enterría, *La lucha contra las inmunidades del poder*", 3ª edição, pág. 42.

mente os de natureza discricionária[97]. É *na sua observância pelas entidades adjudicantes, que assenta o "bom nome" do mercado da contratação pública, em termos tais que quebrar aqui as suas exigências é, afinal, pôr em causa a* ***função,*** *a* ***confiança*** *e o* ***crédito*** *do público do funcionamento do mercado*[98].

Do exposto se conclui que, no âmbito da sua atividade na contratação pública, como, de resto, em qualquer campo em que essa atividade se situe, para garantir a validade jurídica do resultado dessa atuação, a Administração Pública não pode limitar-se ao acatamento da lei, devendo igualmente observar os comandos decorrentes dos princípios gerais, sem prejuízo dos especificamente respeitantes à contratação pública[99].

2.3. Têm, portanto e reafirmado, uma relevância multifacetada, sendo de salientar que na sua múltipla função:

- Constituem o núcleo basilar da ordem jurídica e sendo a expressão de valores fundamentais do ordenamento jurídico são o seu suporte central;
- Intervêm como diretriz hermenêutica quando da aplicação concreta do direito normatizado, constituindo vias de orientação e informação do ordenamento jurídico;
- Constituem uma via interpretativa das normas escritas viabilizando realização pontual da justiça;
- Nas situações concretas, intervêm igualmente na integração de lacunas de que o direito decorrente de normas enferme, para as solucionar;
- Podem funcionar como travão de atuação da Administração Pública evitando que a discricionariedade se transforme em arbitrariedade ou o exercício de poder vinculado com excesso; finalmente,

[97] Cfr., Victor Escartín Escudé, *Principios Generales de la Contratación Pública,cit.*, pág. 501.

[98] Mesmo a nível do direito comunitário, os princípios gerais da contratação pública desempenham igualmente ação fundamental na aplicação e interpretação do direito, designadamente no atinente à contratação pública. Estes princípios, baseados em princípios e normas nacionais e comunitárias de natureza constitucional ou ordinária, constituem o fundamento geral do direito contratual público, caraterizando-se pela sua transversalidade a todas as fases contratuais, desde a formação até à execução dos contratos (Cfr. Jose Antonio Moreno Molina/Francisco Leite Guadamillas, *La Nueva Ley del Sector Público*, cit., pág. 182)

[99] Cfr. Rodrigo Esteves de Oliveira, *Os princípios gerais da contratação pública cit.*, Estudos de Contratação Pública, I, pág. 54.

- São elemento unificador imprimindo estabilidade e coerência ao sistema jurídico-administrativo[100].

2.4. Entretanto, no âmbito do desempenho dessas tarefas, há quem previna contra a uma inaceitável tendência para a formação de corrente jurisprudencial no sentido da aplicação de princípios gerais como pretexto de criar uma *nova legiferação substitutiva da decisão legislativa democrática*. Assim, Amaral e Almeida e Pedro Fernández Sánchez, sem que isso represente qualquer intenção de suposto repúdio à função normativa dos princípios no sistema jurídico, asseguram que *a adesão teórica a uma via principialista* não pode ficar alheada da realidade: em especial, o legislador precisa de adequar as fontes normativas às características dos seus destinatários – sobretudo dos seus aplicadores judiciais –, prevenindo fenómenos de *litigiosidade ou de aplicação patológica do Direito*[101].

A aceitação daquela orientação aplicada em termos amplos depende, a nosso ver, da posição que se tome na questão da existência – ou não – de prevalência dos princípios gerais sobre o direito legislado, defendida, como acima se referiu, entre outros por Afonso Queiró e Castanheira Neves e de que a jurisprudência que cremos dominante efetivamente faz eco. É, a nosso ver, a que parece mais conforme com a natureza dos princípios gerais de direito. Porém, esta última orientação rigorosamente nada tem a ver com uma prática de *apelo aos princípios gerais como simples expediente destinado a fundamentar soluções manifestamente improcedentes e vedados por regras expressas*[102]. Uma tal prática constitui a subversão dos princípios gerais de direito. Assim, por exemplo, a incursão do julgador no seio de um contrato a pretexto da sua interpretação, não pode conduzir, através da aplicação nesse sentido de princípios gerais de direito, à

[100] Fausto Quadros, *Comentários à Revisão do Código do Procedimento Administrativo, cit.*, pág. 20.

[101] Em *Comentários ao Anteprojeto de Revisão do Código dos Contratos Públicos* (Agosto de 2016) – Regime da Contratação Pública, Lisboa: Sérvulo & Associados, 2016, pág. 33, disponível em *https://www.servulo.com/xms/files/00_SITE_NOVO/01_CONHECIMENTO/02_LIVROS_ARTIGOS_CIENTIFICOS/2016/Livros/Comentarios_ao_Anteprojeto_de_Revisao_do_Codigo_dos_Contratos_Publicos.pdf*.

[102] Pedro Fernández Sánchez, em *Direito da Contratação Pública, I, cit.*, pág. 52, escreve: *Essa cautela* (na aplicação dos princípios gerais) *mostra-se necessária tendo em conta a crescente prática de* ***apelo aos princípios gerais*** *como simples* ***expediente*** *destinado a fundamentar soluções manifestamente improcedentes e vedados por regras expressas.*

degradação do contrato como expressão da autonomia das partes contratantes, transformando-o num contrato que não foi objeto do mútuo consenso dos contratantes, isto é, de um não-contrato.

3. Princípios gerais de direito e regras jurídicas

3.1. Não parece verificar-se divisão na doutrina quanto à afirmação de que o ordenamento jurídico público é integrado por dois tipos de normas: as normas de regras e as normas de princípios. Importa aludir à distinção a que se vem procedendo entre um e outro desses tipos de normas, isto é, entre princípios gerais de direito e regras jurídicas. Aponta-se, como especial interesse em proceder a essa distinção, designadamente a sua contribuição para a justificação de restrições a direitos fundamentais, a solução dos conflitos de incompatibilização entre normas, de incompatibilização entre princípios ou de incompatibilização entre uns e outros

Trata-se, como já aqui repetidamente foi afirmado, de duas fontes de direito distintas e autónomas, sem prejuízo da controvérsia sobre prevalência de umas sobe as outras em caso de colisão[103]. Segundo ROBER ALEXY[104], *princípios são normas que ordenam que algo seja realizado em uma medida tão alta quanto possível relativamente às possibilidades jurídicas e fáticas*; são *normas impositivas de uma optimização, compatíveis com vários graus de concretização, consoante os condicionalismos fácticos e jurídicos*[105]. São normas para concretizar tanto quanto o permitir o circunstancialismo concreto: a fundamental característica dos princípios é precisamente a de poderem ser cumpridos em graus diversos, amoldadamente, conforme as circunstâncias factuais e jurídicas o permitirem. Diferentemente, a norma

[103] Cfr. MÁRIO e RODRIGO ESTEVES DE OLIVEIRA, *Concursos e outros Procedimentos de Contratação Pública*, Almedina, 2011, págs. 169/171.

[104] *Teoria dos Direitos Fundamentais*, tradução brasileira de Virgílio Afonso da Silva, disponível em *http://noosfero.ucsal.br/articles/0010/3657/alexy-robert-teoria-dos-direitos-fundamentais.pdf?fbclid=IwAR1SRmq5I3YBvVijjVZv_DMvu1nH-A3-HdUt4lMTZLi5t_QUaSKWQE5F8fk,npágs.* 90 e seguintes.

[105] J.J. GOMES CANOTILHO, *Direito Constitucional e Teoria da Constituição*, Almedina, 7ª ed., 2018, pág. 1161, *Manual de Direito Constitucional*, pág. 1161. Cfr. ainda LUIZ S. CABRAL DE MONCADA, *Código do Procedimento Administrativo Anotado, cit.*, pág. 65.

inserida na regra *contem uma instrução, um preceito ou imposição imediatamente vinculante para certo tipo de questões* [106]. Pela sua clareza transcreve-se Paulo Otero[107]: *As regras (ou normas-disposição) surgem como normas dotadas de um detalhe muito superior aos princípios, verificando-se que são "mandatos definitivos" prescrevendo imperativamente uma exigência que só poderá ser cumprida ou violada, obedecendo a sua aplicação a uma lógica de "tudo ou nada", pois, verificando-se os factos da previsão da norma, se ela for válida, aplicar-se-á, ou, caso não seja válida, ela não se aplicará. (...) Os princípios (ou norma-princípios), pelo contrário, estabelecem orientações gerais – sejam exigências de "justiça, equidade ou de uma outra dimensão da moralidade " ou a concretização histórica da "ideia de Direito" e da "natureza das coisas" traduzindo verdadeiras "pautas gerais de valoração ou preferências valorativas em relação à "ideia de Direito" – assumem a natureza de "mandatos de optimização"*[108] *e necessitam sempre de uma ulterior actividade de concretização, nunca obedecendo a uma lógica de exclusão antinómica, antes surgem numa "convivência conflitual" com princípios que apontam numa direcção contrária, sem qualquer pretensão de exclusividade, circunstância que determina exigir na sua aplicação uma atividade de ponderação e envolver diferentes graus ou níveis de satisfação ou realização, permitindo o balanceamento de valores e interesses consoante as possibilidades jurídicas e fácticas existentes em cada momento e o peso ou importância dos princípios em causa*[109].

Portanto, as normas/princípio aludem a atos não especificados, sendo para isso e por isso dotados de *porosidade genética*[110], elasticidade[111], flexibilidade e amplitude de aplicação, enquanto as normas/regra se reportam a situações específicas, visam objetivos determinados a atingir,

106 J.J. Gomes Canotilho e Vital Morera, *Constituição da República Portuguesa Anotada*, I, 2ª ed., Coimbra Editora, 1984, pág. 41.

107 *Legalidade e Administração Pública – O Sentido da Vinculação Administrativa à Juridicidade*, Almedina, 2003, págs. 165/166.

108 *No sentido de que impõem a melhor conduta possível no circunstancialismo de facto e jurídico de cada caso.*

109 Cfr. Pedro Moniz Lopes, *Contratos Administrativos e Boa Fé/Em especial a Relevância das Condutas Prévias e Concomitantes à Execução para a Interpretação dos Contratos Públicos cit.*., págs. 45/46.

110 Rodrigo Esteves De Oliveira, *Os princípios gerais da contratação pública cit.*, Estudos de Contratação Pública, I, pág. 63.

111 Mário Esteves de Oliveira/Pedro Gonçalves/João Pacheco de Amorim, *Código do Procedimento Administrativo Comentado cit.,*. pág. 83.

oferecendo soluções concretas. Por outras palavras: enquanto na aplicação dos princípios o que se visa é a ponderação de valores em cada caso concreto, designadamente no caso de princípios opostos[112], na aplicação da norma há apenas uma previsão e uma estatuição, isto é, uma subsunção do caso concreto à estatuição especificada da norma: ou cabe nela e se aplica ou não cabe e não é aplicável[113], só pode haver alternativa entre cumprir ou não cumprir uma regra tal como está estabelecida. É o *tudo ou nada* referido naquela citação[114]; não há lugar a meio termo ou a uma aplicação parcial[115]. Em suma: *as regras são normas que, quando se verificam determinados comportamentos nelas previstos, desencadeiam uma consequência jurídica definitiva, isto é, ordenam, proíbem ou permitem algo definitivamente ou autorizam definitivamente a fazer algo*[116]. Assim, e*nquanto a violação de uma regra por um ato administrativo é sobretudo uma questão de qualidade (ou viola ou não viola) a violação de um princípio é sobretudo* ***uma questão de grau ou de***

[112] Cfr. Miguel Nogueira De Brito, *Os Princípios Jurídicos dos Procedimentos Concursais*, disponível *em http://www.icjp.pt/sites/default/files/media/1024-2234.pdf* e Ricardo Branco, *Os princípios gerais em matéria de formação dos contratos públicos*, em Comentários ao Código dos Contratos Públicos, vol. I, org. de Carla Amado Gomes e outros, aafdl, 2021, pág. 337.

[113] Miguel Assis Raimundo, em *A Formação dos Contratos Públicos*, aafdl, 2003, a págs. 439/440 escreveu: *Um desenvolvimento recente é o de propor que seja adotado um modelo assente em vários princípios ou directrizes para as entidades adjudicantes – aquilo a que podemos chamar uma abordagem principiológica ou o apelo a um modelo preenchido por princípios de direito público. (...) abordagem principiológica como modelo de regulação da formação dos contratos públicos*, isto é, *um regime de contratação pública* que *na contraposição entre princípios jurídicos e regras jurídicas (de direito público), seja constituído por aqueles e não por esta; ou seja num sistema onde não existem regras de conduta que identificam os passos a seguir pelas entidades que celebram os contratos públicos. Num sistema com estas características, o sistema é quase omisso em comandos normativos. Ocorre apenas a afirmação de alguns princípios jurídicos, quer princípios gerais aplicáveis à actividade das entidades adjudicantes, quer princípios entendidos como próprios da contratação pública ou pelo menos que nela ganham particular relevo.......actuam uns sobre os outros de tal modo que as soluções concretas a dar aos problemas podem revestir feições diversas, que dêem corpo aos diversos princípios* ***em proporções variáveis****, mas sem que se possa dizer que, na maior parte dos casos, eles são totalmente afastados. Isto contrasta com o modo de funcionamento das regras jurídicas, que é um modo binário de aplicação-não aplicação.*

[114] Cfr. Mário Esteves de Oliveira/Pedro Gonçalves/João Pacheco de Amorim, *Código do Procedimento Administrativo Comentado cit.,*. pág. 83.

[115] Cfr. Pedro Fernández Sánchez, em *Direito da Contratação Pública, I, cit.*, pág. 55.

[116] Miguel Nogueira de Brito, *Os Princípios Jurídicos dos Procedimentos Concursais*, disponível *em http://www.icjp.pt/sites/default/files/media/1024-2234.pdf.*

***medida,** a aferir numa escala gradativa, em função do (maior ou menor) carácter intrusivo da lesão concreta provocada e do valor ou bem concretamente lesado.*[117]

3.2. Como acima se escreveu e Robert Alexy demonstrou, a distinção entre *princípios gerais de direito* e *normas ou regras jurídicas* revela particular acuidade na hipótese de situações conflituais entre princípios, entre regras ou entre princípios e regras. No primeiro caso, há que ponderar em cada caso concreto e, atendendo ao respetivo circunstancialismo, aferir qual dos princípios conflituantes tem um maior peso relativo[118]. O certo é que a solução não passa pela invalidade de um dos princípios, mas apenas no afastamento de um deles quanto à respetiva aplicabilidade ao caso concreto. Diversamente, no caso de conflito entre regras, está-se perante uma situação de antinomia jurídica, pois não é admissível aplicabilidade simultânea de duas normas de conteúdo contraditório: ou existem situações de excecionalidade da respetiva aplicação, ou terá que ser sacrificada uma delas com a sua exclusão do ordenamento jurídico[119]. Finalmente, se o conflito é entre um princípio e uma regra que assenta num outro princípio, a doutrina parece pronunciar-se no sentido de que *neste caso nunca a regra é afastada, mesmo que, na situação concreta em causa, o princípio oposto apresente um peso maior do que o princípio que esteja por detrás da regra, ou seja,* ***a regra nunca é afastada.***[120]

[117] Rodrigo Esteves de Oliveira, *Os princípios gerais da contratação pública cit.*, Estudos de Contratação Pública, I, pág. 65.

[118] Ana Raquel Gonçalves Moniz, em *Princípios da Contratação Pública cit.*, Revista de Contratos Públicos, nº 11, pág. 31, escreve:*...nem todos os princípios de contratação pública assumem a mesma densidade dogmática, em total consonância com os princípios identificados pelos tratados europeus: considere-se, v.g., a distância entre o princípio da dignidade humana (princípio suprapositivo) e o princípio da concorrência (princípio transpositivo).*

[119] O que geralmente resulta de regras gerais de aplicação da lei, como as de norma posterior derroga norma anterior e norma especial afasta norma geral.

[120] João Pacheco de Amorim, *As Decisões de Adjudicação e não Adjudicação no Código dos Contratos Públicos*, Almedina, 2021, pág. 86, seguindo Robert Alexy.

4. Referências jurisprudenciais

Na medida em que se confrontem direitos constitucionalmente tutelados, não é possível estabelecer-se, em abstrato, qualquer relação de prevalência ou de hierarquia entre eles, nomeadamente os acolhidos pelas referidas normas e princípios consagrados na Lei Fundamental. Ambos se perfilam no mesmo patamar, portadores da mesma dignidade constitucional, a todos vinculam, são de aplicabilidade direta e apenas susceptíveis de restrições impostas por lei ou por outras normas ou princípios constitucionais, protetores de um "bem constitucionalmente valioso", com respeito pelos princípios da necessidade, da adequação e da proporcionalidade (art. 18º CRP). São, de resto, esses princípios que hão de presidir à possibilidade de conciliação entre direitos fundamentais que se apresentem como incompatíveis. Têm de aceitar-se, então, «restrições implícitas, derivadas, também elas, da necessidade de salvaguardar "outros direitos e interesses constitucionalmente protegidos" (art. 18º-2 cit.; cf. Jorge Miranda – Rui Medeiros, "Constituição Portuguesa Anotada, I, 160-162)."

Do relatório do acórdão do STJ, de 08.05.2013, pº 1755/08

I – A Contratação Pública está submetida a princípios gerais de direito, estando uns legalmente consagrados, resultando outros do ordenamento jurídico como um todo. II – Entre estes princípios, encontramos princípios gerais de direito interno e comunitário (i. a igualdade, imparcialidade, concorrência), princípios específicos da realidade comunitária (v.g.: proibição da descriminação em razão da nacionalidade e reconhecimento mútuo) e, ainda, princípios específicos da realidade da contratação pública (v. g.: estabilidade das propostas, objetividade, publicidade, concorrência, transparência e igualdade). III – Além destes princípios, são aplicáveis aos procedimentos de adjudicação, designadamente aos previstos no Código dos Contratos Públicos, como atividade administrativa que é, também os princípios gerais da actividade administrativa previstos quer na Constituição (arts. 13º, 266º nº 2, entre outros) quer no Código de Procedimento Administrativo (arts. 3º e ss.). IV –(...)

Acórdão do STA de 19.03.2013, pº 0587/12, Pires Esteves

V. O princípio da boa-fé

1. Caracterização

1.1. De um modo geral, os Autores referem o princípio da boa-fé como um dos princípios informadores do ordenamento jurídico e um dos que se reveste de maior visibilidade, pois que, como aqui já foi salientado, por um lado é transversal a todas as relações estabelecidas sob a proteção do Direito, por outro, é de aplicação geral a todos os intervenientes nas relações jurídico-administrativas e, finalmente, intervém quer a favor quer contra as posições assumidas pela Administração Pública, designadamente promovendo que, em termos práticos, seja dada proteção à segurança ética daquelas relações e castigando a iniquidade, a astúcia e a picardia[121]. É mesmo considerado *um princípio estruturante de um ordenamento jurídico num Estado-de-Direito*[122], pelo que a obrigatoriedade do seu cumprimento se impunha mesmo sem a sua consagração em diploma constitucional ou legal, constituindo esta um reforço daquela imposição do seu acatamento[123].

[121] Cfr. Ramón Parada em *Curso de Derecho Administrativo, I, cit.*, pág. 375.

[122] Mário e Rodrigo Esteves de Oliveira, *Concursos e outros Procedimentos de Contratação Pública cit.*, pág. 250.

[123] Segundo Marcelo Rebelo de Sousa/André Salgado De Matos (*Direito Administrativo Geral – Atividade Administrativa*, Tomo III, cit., pág. 115) o princípio da boa-fé é um subprincípio do princípio do Estado de Direito.

No ordenamento jurídico nacional – com relevância direta ou indireta no âmbito da contratação pública – este princípio tem a sua consagração expressa designadamente no artigo 266º[124] da Constituição da República, nos artigos 10º e 60º do CPA, nos artigos 3º, 119º, 227º, 243º, 272º, 291º, 334º, 437º, 612º, 762º, 1260º, 1340º e 1648º do CC e nos artigos 1º-A, 283º, 285º, 286º, 312º, 332º e 333º do CCP.

Não obstante, Mário e Rodrigo Esteves de Oliveira consideram que está *ainda por fazer a exploração plena das suas potencialidades no domínio do direito administrativo. Poderá dizer-se que o princípio da boa fé ainda não ganhou um largo espaço próprio no âmbito do direito público, o qual, até hoje, se tem servido de outros princípios – como da proporcionalidade, imparcialidade e transparência – para resolver questões mais ou menos nebulosas que não encontram na lei a sua solução mediata*[125], como em matéria de responsabilidade, legitimação, invalidade, etc. Sem pretender colocar em causa o acerto dessas considerações, observa-se que, para além dos referidos na citação, outros princípios de atuação administrativa são decorrência do princípio da boa fé, sendo seus derivados ou sua projeção, como sucede, pelo menos, com o princípio da justiça, com o princípio da objetividade dos critérios de adjudicação, com o princípio da estabilidade e com o princípio da alteração das circunstâncias[126].

1.2. O elevado grau de proximidade que apresenta relativamente ao princípio da boa-fé, mormente quanto aos respetivos objetivos, justifica um apontamento, ainda que ligeiro, relativamente ao *princípio da justiça.*

Essa proximidade resulta desde logo do facto de, como ensinou Freitas do Amaral[127], o princípio da justiça ser um *princípio de princípios,* por, em si mesmo, englobar os valores e objetivos prosseguidos por vários outros princípios de atuação administrativa, entre os quais se in-

[124] Salienta Miguel Assis Raimundo, em *A Formação dos Contratos Públicos,* aafdl, 2003, pág. 554, referindo-se àquele tema, que a enunciação pela CRP desses princípios tem *uma dupla incidência sobre a Administração* ***mas sobretudo sobre o legislador ordinário*** *que fica vinculado a regular a atividade pré-contratual de tal modo que esses princípios* ***possam efetivamente ser cumpridos.***

[125] *Concursos e outros Procedimentos de Contratação Pública cit.,* pág. 251.

[126] Cfr. Marcelo Rebelo de Sousa, *O concurso Público na Formação do Contrato Administrativo* cit., pág. 22 e Marcelo Rebelo de Sousa/André Salgado de Matos em *Direito Administrativo Geral – Atividade Administrativa, Tomo III, cit.,* pág. 420.

[127] *Curso de Direito Administrativo cit., II,* pág. 151.

clui o princípio da boa-fé. Por seu turno, o princípio da boa-fé acolhe os valores que constituem os objetivos de outros princípios, designadamente os da justiça, da igualdade e da proporcionalidade[128].

O artigo 8º do CPA enuncia nos seguintes termos os *princípios da justiça e da razoabilidade*:

A Administração Pública deve tratar de forma justa todos aqueles que com ela entrem em relação, e rejeitar as soluções manifestamente desrazoáveis ou incompatíveis com a ideia de Direito, nomeadamente em matéria de interpretação das normas jurídicas e das valorações próprias do exercício da função administrativa.

O sentido de *justiça*, tal como esta vem referido naquele preceito e no artigo 266º, nº 2 da CRP é o correspondente a um *conjunto de* ***valores supremos constitucionalmente consagrados****, fundados na* ***dignidade da pessoa humana****, nos quais assumem primazia os* ***direitos fundamentais***[129].

O recurso que nessa afirmação é feito aos valores necessários ao respeito pela *dignidade humana*, inculca a consideração de que aqueles, como a generalidade dos referidos princípios de atuação administrativa, *reconduzem na «escala ascendente» à ideia aristotélica de justiça*, que aspira à virtude na sua plenitude (justiça absoluta). Assim sendo, tal como foi referido suceder com qualquer princípio geral de direito, o da *justiça* na sua plenitude conceptual, constitui uma meta de alcance total impossível: *a justiça é um ideal por definição inatingível*[130].

Ora, tendo em conta, por um lado, que o direito positivo além dos valores da justiça serve igualmente os da certeza e segurança das relações jurídicas, que constitui um dos fundamentos do Estado de Direito; considerando, por outro lado, que, em parte por isso mesmo, nem todo o direito positivo é justo, daí decorrendo que, na sua implementação prática, nem todas os procedimentos e atuações administrativas imperativas e mesmo decisões judiciais, no respetivo âmbito de criação ou definição de situações jurídicas, conduzem a soluções de justiça garantida, considerando, pois, esse circunstancialismo, tem cabimento reservar ao princípio da boa-fé um importante papel controlador e nivelador de

[128] Cfr. Marcelo Rebelo de Sousa, *Lições de Direito Administrativo cit.*, pág. 119.

[129] Marcelo Rebelo de Sousa, *Lições de Direito Administrativo cit.*, pág. 120.

[130] João Pacheco de Amorim, *Os princípios gerais da atividade administrativa no projeto de revisão do Código do Procedimento Administrativo*, Cadernos de Justiça Administrativa, nº 100, Julho/Agosto 2013, pág. 8.

fins conflituantes que possam surgir naquele âmbito, de modo a obstar à ocorrência de práticas ou decisões de injustiça inaceitável segundo os valores éticos e sociais dominantes ou, para usar a expressão do último Autor citado, *clamorosamente injustas.*

Este entendimento parece ter acolhimento naquele artigo 8º do CPA na medida em que opta por expressamente *rejeitar as soluções manifestamente desrazoáveis ou incompatíveis com a ideia de Direito.* Com efeito, a introdução de um parâmetro de atuação que se impõe seja compatível com a *ideia de Direito,* como pertinentemente afirma João Pacheco de Amorim, é uma lufada de ar fresco que *(se o projeto chegar a bom porto) se introduzirá na nossa ordem jurídica, ultrapassando-se pela primeira vez, num diploma com a importância deste, os limites tacanhos do positivismo entre nós imperante há quase dois séculos.* E acrescenta, ainda que construção da *ideia de Dieito imprime ao Direito o sentido de algo que é devido, e que de algum modo escapa ao domínio da vontade (da voluntas, quer do legislador quer, no caso que nos ocupa, da Administração)*[131].

2. Âmbito de aplicação

2.1. Relativamente à atividade da Administração Pública desenvolvida através da contratação[132], o princípio da boa-fé, como expressamente estabelece o artigo 1º-A do CCP, aplica-se a todos os contratos públicos, quer na fase da sua formação, como na sua celebração e na fase da sua execução[133]. Em qualquer dos atos em que se desenvolve o pro-

[131] João Pacheco de Amorim, *Os princípios gerais da atividade administrativa no projeto de revisão do Código do Procedimento Administrativo cit.*, pág. 8 onde desenvolve o conceito de *direito justo* e *princípios de direito justo,* com incursão na teoria que distingue os princípios das regras e a sujeição destas àqueles, já aqui sumariamente abordada.

[132] Quanto à aplicação do princípio da boa-fé na contratação privada, ver, por todos, Mário Júlio de Almeida e Costa, *Direito das Obrigações,* 6ª ed., Almedina, 1994, págs. 243 e seguintes.

[133] Cfr. *Contratação Pública Autárquica,* Relatório Final elaborado por um Grupo de Trabalho do Centro de Estudos de Direito do Ordenamento, do Urbanismo e do Ambiente, integrado pelos Profs. Doutores Fernando Alves Correia, António Barbosa de Melo, Pedro Gonçalves e pelos Mestres Ana Raquel G. Moniz e Dulce Lopes, Almedina, 2006, págs. 52, 6 e seguintes.

cedimento de adjudicação de um contrato administrativo – seja qual for o tipo de procedimento e seja qual for a espécie de contrato – assume sempre especial relevo como concretizador da boa-fé o dever de informação relativamente a todas as circunstâncias ou fatores que possam ter influência decisiva na formação do mútuo consenso contratual, no estabelecimento do seu clausulado ou no cumprimento das prestações acordadas.

Acentue-se o interesse da intervenção do princípio da boa-fé no âmbito da responsabilidade pré-contratual relativa à formação dos contratos públicos.

Quanto a esta matéria, importa ter presente o disposto no nº 2 do artigo 7º do Regime da Responsabilidade Civil Extracontratual do Estado e Demais Entidades Públicas (RRCEEDEP), aprovado pela Lei nº 67/2007, de 31 de dezembro: É concedida indemnização às pessoas lesadas por violação de norma ocorrida no âmbito de procedimento de formação dos contratos referidos no artigo 100º do Código de Processo nos Tribunais Administrativos, de acordo com os requisitos da *responsabilidade civil extracontratual definidos pelo direito comunitário*[134]. Esta norma foi introduzida no RRCEEDEP em transposição da Diretiva 89/665/CEE – Diretiva-Recursos para os setores gerais – (nºs 1, al. c), e 6 e 7º do artº 2º)[135].

Na aplicação desse regime, pode assumir particular importância a intervenção direta do princípio geral da boa-fé[136].

2.2. Por outro lado, aquele princípio tem aplicação em relação a ambas as partes no contrato. Isso mesmo, aliás, especificamente quanto à sua execução, dispõe o artigo 286º do CCP sob a epígrafe de *Princípios fundamentais*: *O contrato constitui, para o contraente público e para o cocontra-*

[134] Cfr. Vera Eiró, *A obrigação de indemnizar das entidades adjudicantes. Fundamento e pressupostos*, Almedina Coimbra, 2013.

[135] Sobre as inovações introduzidas pela Diretiva 89/665/CEE, ver João Pacheco de Amorim, *A Invalidade e a (In)eficácia do Contrato Administrativo no Código dos Contratos Públicos*, em Estudos de Contratação Pública–I, CEDIPRE, org. de Pedro Costa Gonçalves, 2008, designadamente nas págs. 629 a 641.

[136] Marcelo Rebelo de Sousa/André Salgado de Matos, *Direito Administrativo Geral – Atividade Administrativa cit.*, Tomo III, págs. 513/515.

tante, situações subjetivas ativas e passivas que devem ser exercidas e cumpridas de boa-fé e em conformidade com os ditames do interesse público, nos termos da lei.

2.3. Quanto a este aspeto, porque se trata da aplicação de um princípio geral de Direito, salvo no que respeita às respetivas consequências, não existe significativa diferença entre o que se passa com os contratos privados[137]. *No cumprimento da obrigação, assim como no exercício do direito correspondente, devem as partes proceder de boa-fé,* estabelece o nº 2 do artigo 762º do CC. Exige-se às partes que, nas negociações conducentes à celebração do contrato e na fase da sua execução, atuem com lealdade, fidelidade, honestidade e probidade[138]. *Mas o ditame da boa fé impera no cumprimento de todas e quaisquer obrigações, tanto contratuais como derivadas de outras fontes, e revela aqui um largo campo de aplicação. O conteúdo exacto do dever de boa-fé terá de ser determinado em face das várias situações concretas (...). O legislador limitou-se a estabelecer a formulação elástica que impõe a cada uma das partes uma conduta honesta e conscienciosa, a fim de que não resultem afectados os legítimos interesses da outra*[139].

No que respeita à entidade adjudicante/contraente público, reproduz-se o ensinamento de Fausto Quadros[140]: *Também a Administração Pública está obrigada a obedecer à **bona fide** nas relações com os particulares. Mais: ela deve mesmo dar, também aí, o exemplo aos particulares da observância da boa-fé, em todas as suas várias manifestações, como núcleo essencial do seu comportamento ético. Sem isso nunca se poderá afirmar que o Estado (e com ele outras pessoas públicas) é **pessoa de bem.** E a manutenção, na opinião pública de um Estado Democrático, da consciência de que o Estado é pessoa de bem, em lugar de se transformar no modelo de pessoa sem escrúpulos no cumprimento da lei e dos princípios meta-jurídicos que o regem, ou sem normas éticas e irresponsável no seu comportamento quotidiano, é condição **sine qua non** da própria credibilidade das instituições públicas.*

2.3.1 Por parte da **entidade adjudicante,** a boa-fé revela-se desde logo na elaboração das peças do procedimento de adjudicação do con-

[137] Cfr. Ramón Parada, *Derecho Administrativo-I, Parte General*, cit., pág. 375.

[138] Cfr. Pires De Lima e Antunes Varela, *Código Civil Anotado*, Almedina, II, 1968, pág. 2.

[139] Cfr. M. J. de Almeida Costa, *Direito das Obrigações, cit.*, pág. 871.

[140] O *Concurso Público na Formação do Contrato Administrativo,* Revista da Ordem dos Advogados, 1987, pág. 725.

trato e no conteúdo deste, que devem ser sérias, tecnicamente qualificadas, unívocas, claras e precisas, por forma à imediata apreensão pelos potenciais interessados do seu integral conteúdo e, consequentemente, quanto aos deveres e direitos a estabelecer[141]. As omissões ou ambiguidades de que padeçam, para além de, potencialmente, terem efeito negativo nas decisões de participação nos procedimentos adjudicatórios, poderão constituir fonte de conflitos de consequências imprevisíveis na celebração e execução do contrato e, portanto, na satisfação do interesse público que lhe subjaz.

O princípio da boa-fé está ainda presente em outros aspetos do regime jurídico da formação dos contratos públicos que visam favorecer a concorrência através da proteção da confiança criada nos potenciais e efetivos concorrentes. Essa tutela da confiança é base fundamental da concorrência. É o que expressamente prevê o CCP ao estabelecer, por exemplo, o dever de manter inalterados os critérios de adjudicação (artigo 74º), o dever de adjudicação que só pode deixar de ocorrer nos casos expressamente previstos na lei (artigos 76º e 79º) ou o dever de celebrar o contrato (104º).

Na fase da execução do contrato, o relacionamento com o cocontratante deve igualmente primar pela seriedade, lealdade e retidão, designadamente exercendo os seus poderes de autoridade com estrita obediência aos princípios de atuação administrativa estabelecidos no CPA e no CCP.

A este propósito, reproduz-se as elucidativas palavras de Luís Cabral de Moncada: *A boa-fé na execução do contrato exige que as partes adoptem as condutas necessárias para que seja possível o pontual cumprimento das obrigações contratuais pelo devedor. Analisa-se num dever de cooperação do credor com o devedor sempre que tal seja necessário para garantir o melhor cumprimento. Verifica-se este dever mesmo nas circunstâncias em que, não sendo objetivamente impossível o cumprimento pelo obrigado, este se mostre de tal modo gravoso que*

[141] Marcelo Rebelo de Sousa/André Salgado de Matos, *Direito Administrativo Geral – Atividade Administrativa cit.*, Tomo III, pág. 339. Ver, sobre o tema, *Contratação Pública Autárquica*, Relatório Final elaborado por um Grupo de Trabalho do Centro de Estudos de Direito do Ordenamento, do Urbanismo e do Ambiente, integrado pelos Profs. Doutores Fernando Alves Correia, António Barbosa de Melo, Pedro Gonçalves e pelos Mestres Ana Raquel G. Moniz e Dulce Lopes, Almedina, 2006, pág. 52.

não era exigível quando da celebração do contrato. Não se confunde com a mera dificuldade no cumprimento das prestações[142].

Neste âmbito, tem particular interesse o modo como os representantes do contraente público desempenham a sua função, designadamente os agentes de fiscalização da execução do contrato e o(s) gestor(es) do contrato.

O *poder de fiscalização* traduz-se na faculdade que o contraente público detém de *fiscalizar* a execução do contrato, isto é, de, em qualquer altura, verificar se o contrato está a ser corretamente cumprido, portanto se as prestações contratuais estão a ser realizadas de harmonia com o clausulado – o que fará nos termos contratuais[143] e, além disso, através de visitas, inspeções (de locais, equipamentos, documentação, registos informáticos, contabilidade, entre outros) vistorias, pedidos de esclarecimentos, etc. (artigo 305º do CCP)[144]. Mas, o exercício desse poder tem condicionantes e limites. Fiscalizar não é inovar, não é criar soluções, nem estabelecer efeitos jurídicos novos, apenas velar para que as soluções jurídicas decorrentes da lei e do contrato sejam cumpridas e executadas nos devidos termos ali previstos. *Trata-se, pois, essencialmente, do poder de a Administração impor ao seu cocontratante o cumprimento das obrigações que este assumiu, bem como de novas obrigações que ela lhe tenha supervenientemente imposto por via do exercício do poder de modificação unilateral do contrato*[145]". No anteprojeto do Código Civil, previa-se uma norma segundo a qual a fiscalização só se justificaria quando *não perturbe, contra a boa-fé, o andamento ordinário dos trabalhos e não seja efetuada de maneira vexatória para o empreiteiro,* o que não terá passado ao diploma definitivo por desnecessidade, isto é, *por isso resultar necessariamente dos princípios gerais*[146], designadamente do princípio da boa-fé.

142 Em *O Contrato Administrativo e a Autoridade da Administração cit.*, pág. 258.

143 Cfr. Pedro Gonçalves, em *O Contrato Administrativo Uma Instituição do Nosso Tempo*, Almedina, 203, pág. 108.

144 Caracterizando o poder de fiscalização, escreve Luíz Cabral de Moncada, em *Consenso e Autoridade na Teoria do Contrato Administrativo*, Quid Juris, 2012, pág. 59: *O poder de fiscalização não é um fim em si. É um instrumento de que a Administração necessita para colher em sede de controlo os factos que podem justificar posteriormente o exercício ou não de poderes de direcção, sancionatórios, de modificação unilateral ou de revogação do contrato. Sem fiscalização a Administração não pode dirigir o contrato e aplicar sanções nem modificar ou resolver o contrato.*

145 Diogo Freitas do Amaral, *Curso...*, II, pág. 631.

146 Pires de Lima e Antunes Varela, *Código Civil Anotado – II, cit.*, pág. 549.

Quanto à figura do *gestor do contrato*, recorde-se que, nos termos do artigo 290º-A do CCP, cabe-lhe *a função de acompanhar permanentemente a execução deste* e, *quando se trate de contratos com especiais características de complexidade técnica ou financeira ou de duração superior a três anos, e sem prejuízo das funções que sejam definidas por cada contraente público, o gestor ou os gestores devem elaborar indicadores de execução quantitativos e qualitativos adequados a cada tipo de contrato, que permitam, entre outros aspetos, medir os níveis de desempenho do cocontratante, a execução financeira, técnica e material do contrato.* Assim, *caso o gestor ou os gestores detetem desvios, defeitos ou outras anomalias na execução do contrato, devem comunicá-los de imediato ao órgão competente, propondo, em relatório fundamentado, as medidas corretivas que, em cada caso, se revelem adequadas.*

Como é bom de ver, a natureza e conteúdo desta função exige, para o seu exercício, especiais requisitos de imparcialidade, honestidade, lealdade, transparência, seriedade e retidão. Por isso mesmo, aquele preceito legal estabelece que *antes do início de funções o gestor de contrato subscreve a declaração de inexistência de conflitos de interesse, conforme modelo previsto no anexo XIII ao presente Código*, que é uma declaração do tipo que costuma designar-se como feita sob compromisso de honra.

Acrescente-se ainda, no âmbito da intervenção da entidade adjudicante /contraente público, que o princípio da boa-fé, de modo pelo menos implícito e conjuntamente com outros princípios, baseia ou está presente em vários aspetos do regime jurídico da execução dos contratos públicos, também nesta fase visando salvaguardar os valores de retidão, probidade e honestidade e, além do mais, favorecer em geral a concorrência através da proteção da confiança criada em quem contrata com a Administração Pública. Impõe-se que esta não proceda de modo a defraudar as expectativas criadas nos cocontratantes, *podendo a sua violação dar lugar, eventualmente e cumpridos os pressupostos que permitam fundar um dano tendo por base essa lesão, a indemnização por dano de confiança*[147]. É o que sucede, por exemplo, com o regime estabelecido no CCP relativo ao dever de colaboração (artigos 289º 454º-C), ao dever de informação (artigos 289º, 290º e 339º), ao dever de sigilo (artigo 290º), ao dever de proteção (artigo 291º), à obrigação de confirmar por escrito as ordens

[147] *Contratação Pública Autárquica, cit.*, Relatório Final elaborado por um Grupo de Trabalho do Centro de Estudos de Direito do Ordenamento, do Urbanismo e do Ambiente, pág. 52.

orais (artigo 304º, nº 3), às medidas tendentes a assegurar a estabilidade do contrato (artigos 312º e 313º), ao regime da revisão ordinária e obrigatória dos preços (artigo 382º), aos limites ao exercício dos restantes poderes públicos de aplicar sanções (artigos 308º e 329º), à resolução unilateral do contrato por razões de interesse público (artigo 334º) e às medidas tendentes à manutenção do equilíbrio financeiro do contrato (artigo 282º).

2.3.2 Quanto aos **candidatos e concorrentes,** impõe-se igualmente que intervenham no procedimento adjudicatório com obediência ao princípio da boa-fé que, contudo, se reveste na sua aplicação de contornos especiais decorrentes da posição que nele ocupam não só relativamente à entidade adjudicante, mas igualmente em relação aos outros concorrentes. Relativamente ao primeiro aspeto, a seriedade que se espera do seu comportamento impõe que se não socorram de meios dolosos ou fraudulentos com vista a ladear ou ultrapassar condicionamentos impostos pelas peças do procedimento. Ensinou Marcello Caetano[148], que as propostas devem ser *firmes,* isto é, *sem cláusulas restritivas, resolutivas ou excecionais*; devem também ser *concretas,* portanto, claras e precisas no conteúdo das respetivas declarações; finalmente, devem ser *sérias,* isto é, *feitas com o propósito de serem mantidas e cumpridas.* Esses requisitos, sem prejuízo de decorrerem do respeito devido ao acatamento de outros princípios dominantes na contratação pública, são desde logo impostos pelo princípio da boa-fé.

Quanto ao segundo aspeto, os deveres dos candidatos e concorrentes relativos à exigida boa-fé têm de ser conjugados com a natureza concorrencial da celebração do contrato, em que, por isso, cada um daqueles participantes nos procedimentos adjudicatórios tem de contar e confrontar não apenas a entidade adjudicante mas também os demais candidatos e concorrentes. Com efeito, os candidatos e os concorrentes têm o dever de agir de boa-fé, *no entanto isso não pode fazer esquecer que eles são opositores uns dos outros, estão em concorrência entre si, pelo que uma aplicação rigorosa do princípio da boa fé, em quaisquer situações, poderia culminar em situações absurdas neste campo, em condutas eticamente inexigíveis, se não esti-*

[148] *Manual cit.,* I, págs. 600 e 601.

verem em causa, claro, ***obrigações de interesse e ordem pública,*** *mas apenas, digamos assim, questões relacionadas com* a liça concorrencial[149].

Por último, e reportando-nos à fase da execução do contrato, o **cocontratante** está desde logo vinculado ao cumprimento de alguns deveres que, não obstante estarem expressamente previstos, é manifesto não lhes ser alheio o princípio da boa-fé. É o que sucede, por exemplo, com o dever de informação (artigos 107º, 108º, 290º, 339º e 342º), com o dever de colaboração (artigo 289º) e com o dever de sigilo (artigos 66º, 95º, 120º, 129º, 144º, 214º, 290º e 440º). Para além disso, porém, impõe a boa-fé que, sem prejuízo da legítima defesa dos seus interesses em jogo no contrato, a retidão e lealdade caracterizem todos os comportamentos com vista a que o contrato seja executado nos termos que ressaltam do clausulado e da real vontade das partes. Por exemplo, se, na execução do contrato de empreitada de obras públicas, o cocontratante verifica que, por erro do projeto ou das suas peças componentes, estão previstos trabalhos que não deverão ser realizados por não serem necessários, impende sobre o empreiteiro o dever de, em tempo oportuno, disso mesmo informar o dono da obra[150], mesmo que tal implique – como, em princípio, sucederá – que esses trabalhos, apesar de incluídos no objeto do contrato, não lhe virão a ser pagos, exatamente por não ser suposto virem a ser executados.

3. Corolários do princípio da boa-fé

Na esteira da doutrina alemã, MENESES CORDEIRO e a doutrina em geral consideram que o princípio da boa- fé se concretiza em dois subprincípios: o princípio da tutela da confiança e o princípio da primazia da materialidade subjacente[151]. O nº2 do artigo 10º do CPA, no seu segundo segmento, é claramente influenciado por essa orientação: *confiança suscitada na contraparte pela atuação em causa* (proteção da confiança) *e o*

[149] MÁRIO e RODRIGO ESTEVES DE OLIVEIRA, *Concursos e outros Procedimentos de Contratação Pública cit.*, pág. 252.

[150] Como foi decidido em acórdão arbitral de 08.04.2013, não publicado, de que foi relator o Juiz Conselheiro JOSÉ MANUEL MATOS DE FERNANDES.

[151] *Da Boa Fé no Direito Civil, cit.*, págs. 1234 e seguintes.

objetivo a alcançar com a atuação empreendida (primazia da materialidade subjacente).

3.1. O princípio da proteção da confiança

Este subprincípio, também designado por *princípio da tutela da confiança*, tem especial aplicação na relação da Administração Pública com os administrados, visando a proteção destes contra comportamentos justificadamente inesperados ou imprevisíveis daquela[152]. *A tutela da confiança, na base de exigências éticas e sociais elementares, leva a dispensar uma certa protecção à pessoa que, mercê de outra, seja levada a acreditar na manutenção de um certo estado de coisas*[153].

De um modo geral, e num aspeto global do âmbito da sua aplicação, este princípio determina que, no exercício da atividade administrativa e em todas as suas formas e fases, a Administração Pública e os particulares devem agir e relacionar-se segundo as regras da boa-fé, para cuja aferição devem ser ponderados os valores fundamentais do Direito relevantes em face das situações consideradas, e, em especial, a confiança suscitada na contraparte pela atuação em causa. O que significa que, nas suas relações com os administrados, a Administração Pública deve atuar como uma pessoa de bem, criando naqueles a confiança e a credibilidade quanto à conformidade ético-jurídica dos seus procedimentos e agindo com coerência relativamente a essa confiança, como garantia de segurança jurídica. No relacionamento que estabelece no exercício da sua atividade, por si e pelos que em sua representação a desenvolvem, a Administração Pública deve permanentemente optar por condu-

[152] Sobre esta matéria Marcelo Rebelo de Sousa e José de Melo Alexandrino, *Constituição da República Portuguesa Comentada*", pág. 396, Pedro Fernández Sánchez, *Direito da Contratação Pública*, I, aafdl, 2020, págs. 101 e seguintes, Margariga Olazabal Cabral, *O concurso público nos contratos administrativos*, Almedina, 1997, págs. 92, Jesus Gonzalez Perez, *El principio general de la buena fe en el derecho administrativo*, cit., pág. 52, Frederico Castilho Blanco, *La protección de Confianza en el Derecho Administrativo*, Marcial Pons, 1998, págs. 77 e seguintes e Sainz Moreno, *La buena fe en las relaciones de la Administración con los administrados*, na Revista de Administración Pública", nº 89, a págs. 314.

[153] A. Menezes Cordeiro, *A Boa Fé nos Finais do Século XX*, cit., pág. 897.

tas leais, honestas, corretas, coerentes e criadoras de confiança[154]. E essa conduta é-lhe exigida não apenas relativamente à manutenção dessa forma de proceder, como também respeitando as expectativas de confiança que cria nos administrados[155].

A propósito dos valores da confiança e da segurança jurídica, transcreve-se J.J. GOMES CANOTILHO: "*... a segurança jurídica está conexionada com elementos objetivos da ordem jurídica – garantia da estabilidade jurídica, segurança de orientação e de realização do direito – enquanto a proteção da confiança se prende mais com as componentes subjetivas da segurança, designadamente a calculabilidade e previsibilidade dos indivíduos em relação aos efeitos jurídicos dos atos dos poderes públicos. A segurança e a proteção da confiança exigem, no fundo: (1) fiabilidade, clareza, racionalidade e transparência dos atos do poder; (2) de forma que em relação a eles o cidadão veja garantida a segurança nas suas disposições pessoais e nos efeitos jurídicos dos seus próprios atos. Deduz-se já que os postulados da segurança jurídica e da proteção da confiança são exigíveis perante qualquer ato de qualquer poder – legislativo, executivo e judicial. O princípio geral da segurança jurídica em sentido amplo (abrangendo, pois, a ideia de proteção da confiança) pode formular-se do seguinte modo: o indivíduo tem o direito de poder confiar em que aos seus atos ou às decisões públicas incidentes sobre os seus direitos, posições ou relações jurídicas alicerçados em normas jurídicas vigentes e válidas por esses atos jurídicos deixado pelas autoridades com base nessas normas se ligam os efeitos jurídicos previstos e prescritos no ordenamento jurídico ...*"[156].

Registe-se porém, que a convicção criada no administrado de que a Administração Pública mantém um determinado comportamento, positivo ou negativo, isto é, a confiança que este princípio protege não se confina – não pode confinar-se – a uma mera posição subjetiva do administrado, pelo que não basta que este tenha, de qualquer modo, criado essa convicção. Trata-se, como acima foi dito, de proteger os administrados contra comportamentos *justificadamente* inesperados ou imprevisíveis É, pois, necessário, por um lado, que da parte da Administração Pública resultem elementos comportamentais, ativos ou passivos, e, por

[154] Cfr. PEDRO FERNÁNDEZ SÁNCHEZ, *Direito da Contratação Pública, cit.*, I, pág. 101.

[155] Cfr. SUZANA MENDONÇA, *A Boa Fé na Atividade Administrativa*, e-Pública: Revista Eletrónica de Direito Administrativo, vol. 5, nº 1, disponível em *https://www.e-publica.pt/volumes/v5n1a10.html*.

[156] *Direito Constitucional e Teoria da Constituição*, 7ª edição, pág. 257.

outro lado, que, nas circunstâncias próprias de cada caso, esses comportamentos sejam adequados a razoavelmente criar essa convicção num administrado interlocutor de características qualificativas normais.

Reafirme-se ainda que a confiança que o administrado deposita num comportamento leal e coerente da Administração Pública pode ter na sua base comportamentos desta última que se revelem de modo ativo ou mesmo passivo. Assim por exemplo, o não exercício de um determinado direito por um tempo prolongado, pode, em determinadas circunstâncias, criar no administrado uma razoável e legítima convicção de renúncia a esse exercício, designadamente se essa passividade é acompanhada de sinais comportamentais externos que razoavelmente induzam naquele sentido. Nessas circunstâncias, se o exercício daquele direito puder ser considerado de inesperado, surpreendente e incoerente, materializará uma lesão do princípio da tutela da confiança, podendo assumir – e, normalmente, assumirá – a feição de um abuso de direito na modalidade de *supressio* a que adiante se fará referência.

Resulta do exposto, e é geralmente considerado pela doutrina, que a aplicação do princípio da proteção da confiança depende da verificação cumulativa dos seguintes pressupostos[157]:

- Tratar-se de uma confiança *legítima,* no sentido de ser adequada ao Direito não podendo, consequentemente, basear-se num ato da contraparte ilegal, sendo essa legalidade clara e, portanto, conhecida ou cognoscível do interessado, segundo as circunstâncias e as qualidades de um destinatário normal;
- Que esse ato da entidade administrativa seja a causa da confiança do interessado da manutenção por aquele dessa orientação de procedimento;
- O interessado não pretenda basear a sua confiança numa sua mera convicção psicológica, havendo necessidade da ocorrência de sinais externos provenientes do órgão ou agente da Administração Pública que, segundo critérios de razoabilidade, seriam suficientemente concludentes para um destinatário normal obter essa confiança, sendo, pois, necessário que o interessado tenha razões sérias para acreditar na validade dos atos ou condutas anteriores

[157] Marcelo Rebelo de Sousa e André Salgado de Matos, *Direito Administrativo Geral cit., I*, pág. 220; Diogo Freitas do Amaral, *Curso de Direito Administrativo cit.*", vol. II, pág. 149.

da Administração aos quais tenha ajustado a sua atuação[158], isto é, que a situação de confiança seja justificada por elementos objetivos normal e razoavelmente idóneos para produzir a confiança;

- Daí decorra a convicção de não ser razoavelmente previsível que a Administração altere o sentido do seu comportamento;
- Que o órgão ou agente donde provêm esses sinais externos seja legalmente competente para os emitir;
- Que os pressupostos da prática do ato da entidade administrativa criador da confiança do interessado se mantêm ou não foram substancialmente alterados por imposição da prossecução do interesse público;
- Que se tenha frustrado a confiança por parte do interessado que a criou.

3.2. O princípio da primazia da materialidade subjacente

O *princípio da primazia da materialidade subjacente*, com raízes nas práticas romanísticas, exprime a ideia de que o direito visa a produção efetiva de resultados, importa-lhe *o objetivo a alcançar com a atuação empreendida* (artigo 10º, nº 2 do CPA), a verdade material[159], não se bastando com procedimentos que só formalmente correspondem ao ordenamento jurídico e aos objetivos visados mas que, em substância, os não atingem[160]. Retira, pois, relevância ao formalismo excessivo, de rigidez inconsequente, incoerente ou inútil, mas impeditivo da obtenção daquela verdade material. Radica na consideração de que o direito visa a obtenção de resultados efetivos, não podendo esse desígnio ser prejudicado por comportamentos que, embora formalmente ligados a esses objetivos, obstam ou dificultam gravemente a sua prossecução. *Este princípio proíbe, por exemplo, o exercício de posições jurídicas de modo desequilibrado ou o aproveitamento de uma ilegalidade cometida, pelo próprio prevaricador, de modo a preju-*

[158] Cfr. Rámon Parada, *Derecho Administrativo I Parte General cit.*", págs. 341-342.

[159] Diogo Freitas do Amaral, *Curso de Direito Administrativo cit.*", vol. II, pág. 151. Cfr. Pedro Fernández Sánchez, *Direito da Contratação Pública cit.*, I, págs. 101 e seguintes.

[160] Marcelo Rebelo de Sousa e André Salgado de Matos, *Direito Administrativo Geral cit., I,* pág. 218.

dicar outrem[161]. Com efeito, como acentua ANTÓNIO MENEZES CORDEIRO *na base do recurso à materialidade dos problemas está um papel primordial de boa fé, historicamente assumido, desde os seus inícios, no direito romano: o do combate ao formalismo, e então entendido como submissão rígida dos casos a decidir às proposições legais tidas por aplicáveis*[162].

Apresenta uma particular relevância no âmbito da atividade discricionária da Administração, viabilizando soluções que correspondam à verdade material ainda que com algum sacrifício do que formalmente seria exigível.

Entretanto, este corolário do princípio da boa-fé, no âmbito da atividade desenvolvida pela Administração Pública, pode ter a sua autonomia significativamente diminuída, pois os efeitos que prossegue igualmente constituem os objetivos visados pelo princípio da proporcionalidade, que igualmente se impõe: *transposto para o direito administrativo, o exercício desequilibrado de posições jurídicas não é mais do que o exercício desproporcionado da margem de livre decisão*[163].

3.3. Referências jurisprudenciais

(...) O princípio da boa fé, hoje expressamente consignado no art. 6º-A do CPA, mas já anteriormente vigente nas relações jurídicas administrativas, como princípio geral de direito, impõe uma actuação ponderada e corrente na decisão de abertura e ao longo de todo o processo concursal, na medida em que tais actuações suscitam nos candidatos que a eles se apresentam a confiança de que a Administração visa prossegui-lo até à decisão final de contratar ou de adjudicar.(...)

Acórdão do STA, de 17.12.1999, pº 40 313, 1ª Sec., ABEL FERREIRA ATANÁSIO

(...) III – O principio da boa fé assume-se como um dos princípios gerais que servem de fundamento ao ordenamento jurídico. IV – Tal princípio apresenta-se como um dos limites da actividade discricionária da Administração. V – Um dos corolários do princípio

[161] MARCELO REBELO DE SOUSA e ANDRÉ SALGADO DE MATOS, *Direito Administrativo Geral cit., I*, pág. 218.

[162] *Da Boa Fé no Direito Civil*, Almedina, 2017, pág. 1252.

[163] MARCELO REBELO DE SOUSA e ANDRÉ SALGADO DE MATOS, *Direito Administrativo Geral cit., I*, pág. 219.

da boa-fé consiste no princípio da protecção da confiança legitima, incorporando a boa--fé o valor ético da confiança. VI – A exigência da protecção da confiança é também uma decorrência do princípio da segurança jurídica, imanente ao princípio do Estado de Direito. VII – Contudo, a aplicação do principio da protecção da confiança está dependente de vários pressupostos, desde logo, o que se prende com a necessidade de se ter de estar em face de uma confiança "legitima" o que passa, em especial, pela sua adequação ao Direito, não podendo invocar-se a violação do principio da confiança quando este radique num acto anterior claramente ilegal, sendo tal ilegalidade perceptível por aquele que pretenda invocar em seu favor o referido principio. VIII – Por outro lado, para que se possa, válida e relevantemente, invocar tal princípio é necessário ainda que o interessado em causa não o pretenda alicerçar apenas, na sua mera convicção psicológica, antes se impondo a enunciação de sinais exteriores produzidos pela Administração suficientemente concludentes para um destinatário normal e onde seja razoável ancorar a invocada confiança. IX – As meras expectativas fácticas não são juridicamente tuteladas. X – O cuidado e as precauções a exigir da parte que reivindica a protecção da sua boa-fé serão tanto maiores quanto mais avultados forem os investimentos feitos com base na confiança, já que se não pretende tutelar o "excesso de confiança". XI – Por outro lado, mesmo em sede do principio da boa-fé, a Administração terá sempre de valorar os condicionantes que entretanto, se tenham produzido, sendo que a mudança do circunstancialismo em que se tivesse baseado numa anterior conduta, poderá legitimar à luz da vinculação ao principio da legalidade e da prossecução actualizada do interesse público, uma alteração aos critérios anteriormente assumidos não estando, assim, a Administração impedida de avaliar a nova situação que, porventura, se tivesse desenvolvido, por forma a melhor acautelar os interesses que lhe incumbisse defender.

Acórdão do STA, de 08-06-2003, Pº 01188/02/1ª, SANTOS BOTELHO

O princípio da boa-fé consagra um padrão objectivo de comportamento, ou seja, um padrão ético-jurídico de avaliação das condutas humanas, visando primacialmente impedir a ocorrência de comportamentos desleais e incorrectos no relacionamento entre a Administração e os particulares, impondo a ponderação de valores fundamentais do direito, relevantes em face das situações consideradas, em especial a confiança suscitada na contraparte pela actuação em causa e o objectivo a alcançar com a actuação pretendida.

Acórdão do STA, de 13-11-2008, pº 0073/08

(...) A tutela da confiança pressupõe a verificação de diversas circunstâncias: primeira, uma actuação de um sujeito de direito que crie a confiança, quer na manutenção de uma

situação jurídica, quer na adopção de outra conduta; segunda, uma situação de confiança justificada do destinatário da actuação de outrem, ou seja, uma convicção, por parte do destinatário da actuação em causa, na determinação do sujeito jurídico que a adoptou quanto à sua actuação subsequente, bem como a presença de elementos susceptíveis de legitimar essa convicção, não só em abstracto mas em concreto; terceiro, a efectivação de um investimento de confiança, isto é, o desenvolvimento de acções ou omissões, que podem não ter tradução patrimonial, na base da situação de confiança; quarto, o nexo de causalidade entre a actuação geradora de confiança e a situação de confiança, por um lado, e entre a situação de confiança e o investimento de confiança, por outro; quinto, a frustração da confiança por parte do sujeito jurídico que a criou. Estes pressupostos devem ser encarados de modo global: a não verificação de um deles será em princípio relevante, mas pode ser superada pela maior intensidade de outro ou por outras circunstâncias pertinentes (por exemplo, em certos casos, o decurso de grandes lapsos temporais).»No caso vertente este princípio da tutela da confiança assume especial relevância, dado que visa, precisamente e como se disse, salvaguardar os sujeitos jurídicos contra actuações injustificadamente imprevisíveis daqueles com quem se relacionem.(...)

Acórdão do STA de 6.07.2011, proc. 0589/11, 2 Sec., Casimiro Gonçalves

I – O princípio da boa fé, na sua vertente de tutela da confiança, visa salvaguardar os sujeitos jurídicos contra actuações injustificadamente imprevisíveis daqueles com quem se relacionem. II – No âmbito da actividade administrativa são pressupostos da tutela de confiança um comportamento gerador de confiança, a existência de uma situação de confiança, a efectivação de um investimento de confiança e a frustração da confiança por parte de quem a gerou(...)

Acórdão do STA, de 21.09.2011, pº 0753/11/2 Sec., Pedro Delgado

I – O princípio da boa fé negocial é um dos pilares indispensáveis ao funcionamento regular do comércio jurídico. II – A boa fé pressupõe, na fase pré-negocial, a observância de deveres de informação, esclarecimento e lealdade, tendo em vista os interesses legítimos da contraparte. A responsabilidade pré-contratual, com a amplitude que lhe dá o citado preceito, abrange justamente os danos provenientes da violação desses deveres secundários do dever de boa-fé pré-negocial III – Esta responsabilidade tem a sua ratio na protecção da confiança depositada por cada um dos contraentes nas expectativas legítimas que o outro lhe crie durante as negociações, não só quanto à validade e eficácia do negócio, mas também quanto à sua formação. Visa a tutela da confiança do sujeito na correcção, na honestidade, na lisura, na lealdade, e na colaboração activa da contraparte na satisfação das expectativas alheias. É uma responsabilidade que tanto pode ocorrer no domínio dos contratos, como dos negócios unilaterais, ou até dos puros actos jurídicos que tenham um destinatário. A celebração do contrato ou a sua anulação, não afastam a aplicação desta responsabilidade. (...)

Acórdão do STJ, de 15.05.2012, Processo nº 6440/09.2TVLSB.L1.S1, Paulo Sá

(...) II – A regra da livre fixação do conteúdo dos contratos está sujeita a limitações em que aflora o princípio da boa – fé, quer na preparação ou formação dos contratos artigo 227º, nº 1, do CC), quer na sua execução (artigo 762º, nº 2, do CC). III – Nos contratos de adesão (em que as cláusulas são preparadas genericamente para valerem em relação a todos os contratos singulares de certo tipo) a lei intervém em favor do aderente, adoptando critérios de maior exigência em salvaguarda dos seus interesses como parte contratual, não sendo alheios, todavia, motivos de ordem pública, sopesada a finalidade do contrato e o tipo de contratação padronizada. (...) V – O desequilíbrio no exercício do direito (desproporção inadmissível entre a vantagem própria e o sacrifício que impõe aos outros) constitui uma das modalidades em que se desdobra o abuso do direito. (...)

Acórdão do STA, de 23-01-2014, Pº 1117/10.9TVLSB.P1.S1/7ª Sec., Granja da Fonseca

I – A atuação correta, leal e de boa fé dos intervenientes no procedimento, ignorando a violação de qualquer disposição legal, não convalidará ou não fará desaparecer ilegalidade invalidante de que enferme o ato administrativo impugnado. II – Os princípios da boa fé, da proteção da confiança e da segurança jurídica não possuem efeitos convalidatórios ou sanatórios, não se destinando a preservar ou manter na ordem jurídica um ato administrativo ilegal sancionado com o desvalor da nulidade, e, assim, impedir que o mesmo seja declarado em processo judicial deduzido com tal objetivo.

Acórdão do STA, de 09-07-2014/Pº 01561/13

(...) a vida num Estado de Direito Democrático terá de estar ancorada necessariamente nos princípios da segurança jurídica e da proteção da confiança, cientes de que o princípio da boa-fé, tendo plena valia no plano da disciplina das relações administrativas e do respeito dos direitos e interesses em confronto, não constitui, todavia, um padrão de aferição da validade ou da legalidade quanto aquilo sejam as opções consagradas legislativamente em ato privatizador já que aí o padrão de aferição normativa se terá de fazer por referência aos princípios estruturantes da proteção da confiança e da segurança jurídica.

Acórdão do STA, de 23-11-2016/1 SECÇÃO/ pº 0780/14, Ana Paula Portela

I – Para que se possa, válida e relevantemente, invocar a violação do princípio da proteção da confiança é necessário que o interessado em causa não o pretenda alicerçar apenas na sua mera convicção psicológica, antes se impondo a enunciação de sinais externos produzidos pela Administração suficientemente concludentes para um destinatário normal e onde se possa razoavelmente ancorar a invocada confiança. II – Para se reconhecer a relevância invalidante do princípio da proporcionalidade sobre um ato administrativo como o que é impugnado, terá primeiro de conceder-se que o respectivo tipo legal deixa à Administração alguma margem de discricionariedade de decisão, pois só quando assim sucede é que ele pode constituir fonte autónoma de ilegalidade.

Acórdão do TCAN, de 15-05-2020/Pº 00680/11.1BEPNF, Ricardo de Oliveira e Sousa

4. Deveres acessórios do princípio da boa-fé

4.1. A complexidade intra-obrigacional

4.1.1 No âmbito da intervenção do princípio da boa-fé – portanto, intrinsecamente ligado a esse princípio – ainda por influência da escola alemã[164], foi desenvolvido no seio da doutrina e da jurisprudência, civil e administrativa, o conceito de *complexidade intra-obrigacional*. Entre nós, a sua divulgação conheceu uma muito relevante amplitude e uma reconhecida relevância designadamente, a partir dos estudos de António Menezes Cordeiro.

Como vai ser salientado, a introdução desse conceito e os respetivos desenvolvimentos dogmáticos refletem uma reação que tem na sua base o reconhecimento da supremacia da função social do instituto contratual, subalternizando a conceção romanística que nele conferia primazia à autonomia da vontade. Com efeito, principalmente em sequência ao surto de desenvolvimento industrial iniciado na segunda metade do século XIX e largamente intensificado no século passado, foi tomando corpo a consideração de que a conceção clássica liberal do contrato,

[164] Os tribunais alemães terão constatado a multiplicidade e complexidade da origem dos conflitos surgidos no *perímetro contratual*, concluindo que se impunha uma orientação jurisprudencial que aferisse o comportamento das partes contratantes, nas suas relações, segundo o princípio da boa-fé.

estruturada no princípio da autonomia da vontade e reduzindo o seu conteúdo obrigacional aos termos do acordo celebrado entre as partes, era demasiado individualista e restritivo, impondo-se a sua reformulação de modo a que possa cumprir a função social que de facto exerce, designadamente pela intervenção de valores que sustentam princípios gerais de direito, onde sobreleva o princípio da boa-fé. Foi nesse contexto que se assistiu a uma interferência do Estado num campo antes reservado exclusivamente à autonomia contratual das partes, impregnando o respetivo regime de preocupações de ordem pública, mormente de natureza ética, económica e social. Para além do resultante do clausulado contratual que exprime o conteúdo prestacional correspondente à vontade das partes contratantes, o Estado impõe, a ambas as partes contratuais, a observância de deveres que extravasam aquele clausulado, sendo-lhe *colaterais* ou *acessórios* e que exprimem a proteção de valores que se situam acima dos interesses das partes que o contrato reflete. Passou pois a ser considerado que, *numa compreensão globalizante da situação jurídica creditícia, apontam-se, ao lado dos* ***deveres de prestação*** *– tanto* ***deveres principais de prestação*** *como* ***deveres secundários –****, os* ***deveres laterais*** *(»Nebenpflichten»)*, além de ***direitos potestativos, sujeições, ónus jurídicos, expectativas jurídicas, etc*** *Todos os referidos elementos se coligam em atenção a uma identidade de fim e constituem o conteúdo de uma relação de carácter unitário e funcional:* ***a relação obrigacional complexa***[165].

Portanto, e sintetizando, a instituição contratual, para além dos *deveres de prestação principais e secundários,* encerra deveres de outra natureza e alcance, os *deveres acessórios ou laterais de conduta.*

4.1.2 Caraterizando os *deveres acessórios ou laterais de conduta,* salienta-se que não correspondem a obrigações em sentido técnico-jurídico, pois não têm por objeto uma prestação, não implicando, portanto, um cumprimento prestacional. Como resulta do acima exposto, refletem preocupações de índole ética, social ou económica que radicam na defesa de interesses coletivos fundamentais da vida em sociedade; exprimem valores gerais da coletividade, isto é, *deveres que não interessando*

[165] Mário Júlio de Almeida e Costa, *Direito das Obrigações, cit.*, pág. 56.

diretamente à prestação principal, são todavia essenciais ao correcto processamento da relação obrigacional em que se encerra[166].

Como decorre da sua natureza lateral relativamente ao contrato, outra característica dos *deveres acessórios* é a sua autonomia quanto à estrutura contratual. Desse facto, resulta poder haver responsabilidade das partes sem que isso tenha a ver com violação de qualquer cláusula contratual. É que, por um lado, os *deveres acessórios* nascem antes da própria relação contratual – o que explica a responsabilidade decorrente da *culpa in contrahendo,* portanto responsabilidade pré-contratual[167]; por outro, vigoram durante a vigência dessa relação, da qual não têm que constar mas que acompanham; finalmente, prolongam a sua intervenção mesmo após ter cessado a vigência do contrato como deveres pós-contratuais, o que explica a responsabilidade resultante de *culpa post factum finitum,* como adiante será exposto.

Assim, insistindo, os *deveres de prestação,* estão contratualmente especificados nos termos da autonomia da vontade das partes e, por isso, são intocáveis; os *deveres acessórios,* embora se insiram na relação contratual, são exteriores ou laterais em relação àqueles deveres de prestação: são *deveres de proteção, deveres de consideração*[168], destinam-se a evitar que, *a coberto da confiança gerada pela existência de uma obrigação, se produzam danos na esfera das partes*[169].

Verifica-se, pois, que o vínculo obrigacional estabelecido entre as partes nas relações jurídicas contratuais é uma figura jurídica complexa cujo conteúdo ultrapassa o dever de realizar as prestações sinalagmáticas que encerra. Como se disse, na sua estrutura interna, a obrigação abarca e inclui outros deveres que se apresentam com autonomia relativamente aos deveres de prestar: nesse núcleo se incluem os *deveres acessórios* que decorrem do princípio da boa-fé, como *deveres laterais* que têm a ver com valores que norteiam procedimentos comportamentais

166 Cfr. João de Matos Antunes Varela, *Das obrigações em Geral, I,* Almedina, 3 ed., 1980, pág. 107, onde igualmente distingue na relação obrigacional, *deveres primários, principais ou típicos, deveres secundários* ou *acidentais de prestação,* uns e outros decorrentes do exercício da autonomia da vontade e os *deveres de conduta,* que são deveres genericamente inseridos no princípio da boa-fé (pág. 108).

167 M. J. de Almeida e Costa, em *Direito das Obrigações cit.,* págs. 243 e seguintes.

168 Manuel Carneiro da Frada, *Os Deveres (Ditos) "Acessórios" e o Arrendamento cit..*

169 António Menezes Cordeiro, em *Da Boa Fé no Direito Civil cit.,* pág. 598.

e cujo acatamento se impõe a ambas as partes. Nas palavras de ANTÓNIO MENEZES CORDEIRO, a *complexidade intra-obrigacional traduz a ideia de que o vínculo obrigacional abriga, no seu seio, não um simples dever de prestar, simétrico a uma pretensão creditícia, mas antes vários elementos jurídicos dotados de autonomia bastante para, de um conteúdo unitário, fazerem uma realidade composta.*[170] Nesse contexto, esclarece[171] que a *complexidade obrigacional* desenvolve-se do modo seguinte: *A simples contemplação de uma obrigação dá, pela interpretação da sua fonte, um esquema de prestação a efectivar. Mas isso é possível com danos para o credor ou com sacrifício desmesurado para o devedor. O Direito não admite tais ocorrências; comina deveres – e, como se adivinha, poderão ser muito variados – destinados a que, na realização da prestação, tudo se passe de modo considerado devido. São os deveres acessórios, baseados na boa fé*[172].

4.1.3 Trata-se de um tema, ele próprio de elevada complexidade, que aqui não passa de uma abordagem muito ligeira. Salienta-se, no entanto, que, como acima foi referido, no seu desenvolvimento está sempre presente a influência da doutrina e da jurisprudência alemãs, com permanente apelo ao elemento social na definição do critério valorativo, visando a transformação da relação contratual num instrumento de cooperação social. A complexidade da relação contratual revela-se pela inclusão de *níveis não negociais, resultantes de um contacto social "fáctico" (e qualificado) das partes: tem uma dimensão quase-negocial ou, mais amplamente, de acto juridicamente relevante. É este o plano dos deveres acessórios*[173]. Ainda por outras palavras: *O programa contratual acordado entre as partes é (...) matizado por uma multiplicidade de fontes, onde a autonomia privada não prescinde de uma multiplicidade de deveres que dimanam do princípio da boa fé e da realidade social (e do contacto social) em que o contrato assenta*[174].

[170] *Da Boa Fé no Direito Civil cit.*, pág. 586.

[171] ANTÓNIO MENEZES CORDEIRO, em *Da Boa Fé no Direito Civil cit.*, pág. 592.

[172] Cfr. MÁRIO JÚLIO DE ALMEIDA E COSTA, *Direito das Obrigações, cit.*, págs. 56 e seguintes.

[173] MANUEL CARNEIRO DA FRADA, *Os Deveres (Ditos) "Acessórios" e o Arrendamento,* disponível em https://portal.oa.pt/upl/%7Bd785b4f1-80eb-4b99-a33a-b654a218724e%7D.pdf

[174] GIL VICENTE MAIA, *Boa fé e responsabilidade civil decorrente da violação de deveres acessórios de conduta: o critério do «perímetro contratual» na delimitação do regime de responsabilidade aplicável,* Revista JULGAR, janeiro 2020, disponível, em *http://julgar.pt/wp-content/uploads/2020/01/20200125-ARTIGO-JULGAR-Responsabilidade-civil-e-per%C3%ADmetro-contratual-Gil-Valente-Maia.pdf*

4.2. Alguns deveres acessórios

Os deveres acessórios de conduta não são suscetíveis de serem agrupados numa enumeração taxativa consistente. Qualquer tentativa nesse sentido só poderia conduzir a um espartilhar da sua finalidade. Não obstante, os autores, por uma questão de sistematização expositiva, vêm reunindo esses deveres em grupos, segundo critérios vários. António Menezes Cordeiro ensina que se consegue uma *panorâmica satisfatória* tipificando os deveres acessórios *com recurso à tripartição entre deveres de proteção, de esclarecimento e de lealdade devidamente adaptados*[175].

O que, seguindo essa tripartição, suscita algumas considerações relativamente a cada um desses tipos de deveres acessórios.

4.2.1 Deveres de proteção, de cuidado, de custódia e de vigilância

Estes são deveres cujo objeto tem a ver com a pessoa do outro contratante, dirigindo-se, designadamente, à sua dignidade e à sua saúde física, moral ou patrimonial. Pode sintetizar-se na afirmação de que é dever do contraente relativamente à outra parte, tomar as normais cautelas para que esta não sofra danos pessoais ou patrimoniais que não sejam as inerentes à prestação objeto do contrato. *Por eles, considera-se que as partes, enquanto perdure um fenómeno contratual, estão ligadas a evitar que, no âmbito desse fenómeno, sejam infligidos danos mútuos, nas suas pessoas ou nos seus patrimónios*[176].

Acentue-se, por um lado, que, como sucede com a generalidade dos deveres acessórios, como *laterais* que são, o seu conteúdo nada tem com o que tiver sido estipulado no contrato e que obriga os respetivos sujeitos, pois apenas pretende evitar que as partes reciprocamente se agridam ou intervenham ilicitamente na esfera jurídica da outra[177]. Por outro lado, deve ter-se presente que estes deveres têm naturalmente como limite o que for normal e razoavelmente exigível face às circunstâncias de cada caso, não tendo lugar uma exigência que impli-

[175] Em *Da Boa Fé no Direito Civil cit.*, pág. 604.

[176] António Menezes Cordeiro, em *Da Boa Fé no Direito Civil cit.*, pág. 604.

[177] António Menezes Cordeiro, em *Da Boa Fé no Direito Civil cit.*, pág. 615.

que um procedimento que vá para além do que é imposto pelas normas sociais e morais da solidariedade. Cabe, por exemplo, no âmbito deste dever – e no dever de lealdade – o de exigir que a prestação pela outra parte seja realizada com o menor custo possível, sem agravamento, vexame, pressões injustificadas, constrangimentos ou estados psicológicos desestabilizadores ou prejudiciais, isto é, que o exercício dos direitos e o cumprimento dos deveres contratuais decorram de harmonia com comportamentos normais segundo os padrões sociais vigentes.

4.2.2 Deveres de esclarecimento, de informação e de conselho

Estes deveres impõem às partes contratantes que, nas negociações para a formação do contrato, na sua celebração e durante a sua execução, reciprocamente exponham, com verdade, transparência e completude, os aspetos ou condicionamentos das prestações contratuais de tal modo que desbravem o caminho para a formação livre e devidamente fundamentada do mútuo consenso. Envolvem todos os aspetos relativos ao conteúdo do contrato e dele determinantes, só identificáveis em cada caso concreto, mas, geralmente, incluindo, entre outros, elementos técnicos, riscos, condicionamentos de facto ou jurídicos. No ensinamento de António Menezes Cordeiro, *Os deveres acessórios de esclarecimento obrigam as partes a, na vigência do contrato que as une, informarem-se mutuamente de todos os aspetos atinentes ao vínculo, de ocorrências que, com ele, tenham certa relação e, ainda, de todos os efeitos que, da execução contratual, possam advir*[178].

Trata-se de um dever atualmente muito divulgado e mesmo, em muitos casos, objeto de regulação legal específica, como sucede, por exemplo, nas atividades dos ramos médico e farmacêutico, quanto ao modo de uso de certos bens e serviços adquiridos e, de um modo geral, no âmbito da intervenção legal da defesa do consumidor. Com efeito, quanto a este último, a alínea d) do artigo 3º da Lei de Defesa do Consumidor (Lei nº 24/96, de 30 de julho), estabelece que um dos direitos do consumidor é o da *informação para o consumo* e o seu artigo 8º, dispondo sobre o *direito à informação em particular*, impõe ao *fornecedor de bens ou prestador de*

[178] *Da Boa Fé no Direito Civil cit.*, pág. 605.

serviços o dever de tanto na fase de negociações como na fase de celebração de um contrato, informar o consumidor de forma clara, objetiva e adequada, a não ser que essa informação resulte de forma clara e evidente do contexto, além do mais sobre *a funcionalidade dos conteúdos digitais, nomeadamente o seu modo de utilização e a existência ou inexistência de restrições técnicas, incluindo as medidas de proteção técnica, quando for o caso.* Acrescenta no nº 3: *Os riscos para a saúde e segurança dos consumidores que possam resultar da normal utilização de bens ou serviços perigosos devem ser comunicados, de modo claro, completo e adequado, pelo fornecedor ou prestador de serviços ao potencial consumidor.*

Na sua vertente de aconselhamento, devem os contratantes, independentemente da sua formação técnica especializada e dos conhecimentos empiricamente adquiridos, facultar à outra parte os elementos de que disponham que sejam suscetíveis de facilitar ou por qualquer modo desagravar o cumprimento das prestações contratuais.

É de salientar ainda que, também quanto a este, se não trata de um dever absoluto cujo cumprimento se imponha sempre, em qualquer caso e de qualquer modo. Não se pode perder de vista que o interesse contratual de cada uma das partes não é convergente com o da outra. Mas a questão está exatamente na fixação de um limite na defesa desse interesse, que não pode ser feita de qualquer modo e a qualquer preço, mas antes confinada ao que é admissível segundo os valores vigentes e os correspondentes padrões de conduta que caracterizam a boa-fé.

4.2.3 Deveres de cooperação e lealdade

A cooperação e a lealdade manifestam-se da forma mais variada, designadamente impondo abstenção de comportamentos. Não se torna fácil proceder a uma enumeração descritiva das situações que as podem revelar, pois, como sucede em geral na aplicação do princípio da boa-fé, tudo depende do circunstancialismo de cada caso concreto. Aliás, trata-se de um dever de conteúdo de tal modo amplo que se pode considerar absorver outros deveres, como o de sigilo quanto às informações obtidas da outra parte, o dever de evitar a concorrência, a celebração de um contrato de objeto incompatível, etc.[179]. Pode contudo afirmar-se que

[179] António Menezes Cordeiro, em *Da Boa Fé no Direito Civil cit.*, pág. 607.

a cooperação e lealdade exigidas às partes contratantes se manifestam, desde logo, no dever de não criar obstáculos artificiais quer à celebração do contrato, quer à sua execução, neste último caso, por exemplo, de algum modo prejudicando os benefícios que a outra parte pretende obter do contrato. Por outras palavras, aqueles deveres *obrigam as partes a, na pendência contratual, absterem-se de comportamentos que possam falsear o objecto do negócio ou desequilibrar o jogo das prestações por ele consignado*[180].

Mas o objeto desse dever pode ir mais longe, impondo que, no caso de uma das partes dispor de elementos que facilitam o cumprimento do contrato pela contraparte, a esta para isso os faculte, desde que isso não implique, para si, encargos ou ónus que razoavelmente tornem inexigível essa disponibilização. De resto, ainda neste caso, é um dever que resiste ao fim da relação obrigacional do contrato.

Importa no entanto salientar que, sem prejuízo do que ficou dito, tal como foi referido relativamente ao dever antes aqui abordado e é comum aos demais deveres acessórios, será absurdo exigir que um contratante sacrifique ou subalterne o seu interesse contratual ao interesse contratual da outra parte.

4.3. Exemplos de deveres acessórios

Apenas com intuito de recapitulação e síntese, elencam-se exemplos de deveres acessórios sem preocupações – que seriam impertinentes – de ordenação com base em um critério:

- o dever de diligência, previdência, lealdade, proteção e segurança que existe em determinadas situações jurídicas inseridas num perímetro contratual como sucede, por exemplo, no detentor de coisa alheia (comodato, arrendamento, depósito, etc.);
- o dever de, em negociações pré-contratuais ou para solução de conflitos, não recusar sistematicamente e sem fundamento propostas da outra parte, o que, na área dos contratos públicos tem relevância no âmbito do procedimento conducente à celebração do contrato, designadamente na fase da sua execução;

[180] António Menezes Cordeiro, em *Da Boa Fé no Direito Civil cit.*, pág. 606.

- o dever de aviso, informação e esclarecimento, que, do mesmo modo, tem uma particular aplicação às negociações pré-contratuais e de um modo geral, na formação e execução dos contratos públicos (artigo 290º do CCP);
- o dever de não provocar rotura dessas negociações para evitar ter de fazer concessões;
- o dever de, ainda nessas negociações, aceitar compromissos razoáveis;
- o dever de prestação de contas, que tem lugar especialmente nas situações de administração de bens alheios e, em geral, nas de mandato e procuradoria. No campo da execução dos contratos públicos, mais concretamente, na empreitada de obras públicas, para ilustrar esse dever, pode referenciar-se o caso da medição definidora da situação provisória dos trabalhos (artigo 391º do CCP) em que o empreiteiro, de modo unilateral, elabora o mapa dos trabalhos executados durante o mês, estabelecendo o nº 4 o regime sancionatório para procedimento doloso naquela elaboração;
- o dever de colaboração e cooperação, que assume especial interesse no âmbito dos contratos públicos de colaboração, como expressamente estabelece o artigo 289º do CCP: *As partes estão vinculadas pelo dever de colaboração mútua, designadamente no tocante à prestação reciproca de informações necessárias* à boa execução do contrato;
- o dever de sigilo, que ocorre em determinadas relações público-privadas relativamente a atos ou factos de que se teve conhecimento em razão de procedimentos pré-contratuais, contratuais ou outros. No CCP, expressa ou implicitamente, faz-se referência a esse dever nos artigos 66º, 95º, 120º, 129º, 132º, 144º, 189º, 214º, 290º, 305ºe 440º.

4.4. Responsabilidade pelo incumprimento de deveres acessórios

Resulta do que ficou exposto que, no seio de uma relação contratual, o incumprimento tanto pode respeitar a qualquer das prestações fixadas no contrato e constitutivas do seu conteúdo em harmonia com a manifestação da autonomia da vontade das partes, como pode incidir sobre deveres laterais àqueles cujo cumprimento era imposto por decorrência do princípio da boa-fé.

Quanto à caracterização da responsabilidade decorrente do incumprimento, por influência do conceito de relação *intra-obrigacional complexa,* a par das formas tradicionais de mora ou definitivo incumprimento geradoras de responsabilidade, há quem defenda uma terceira via relativamente ao efeito responsabilizante resultante da violação desses deveres acessórios de conduta que acompanham paralelamente aquela relação obrigacional.

O incumprimento do contratado gera a responsabilidade civil contratual, nos termos da qual o devedor que culposamente falta ao cumprimento das suas obrigações tem o dever de indemnizar o credor dos prejuízos daí decorrentes e por este último sofridos (artigo 798ºdo Código Civil)[181].

Segundo aquela terceira via, porque se não trata de incumprimento de uma prestação contratual, o incumpridor não fica por isso constituído numa responsabilidade desse tipo, correspondendo a violação de um dever acessório a uma responsabilidade por facto ilícito, portanto, nos termos do artigo 483º daquele Código, constituindo-se no dever de indemnizar o lesado por esse incumprimento: *Aquele que, com dolo ou mera culpa, violar ilicitamente o direito de outrem ou qualquer disposição legal destinada a proteger interesses alheios fica obrigado a indemnizar o lesado pelos danos resultantes da violação*[182].

Em todo o caso, a orientação dominante na doutrina e porventura na jurisprudência parece ir no sentido de que se trata ainda de uma responsabilidade contratual[183].

Afigura-se-nos que a resposta mais coerente à questão coincide com a que é dada por Gil Vicente Maia nos termos seguintes e que, como a seguir se pode ver, tem acolhimento jurisprudencial:

Nesta conformidade, se em determinados casos, mormente quando em causa estejam deveres acessórios definidos no programa contratual ou emirjam lesões para terceiros, a questão afigura-se mais simples, parece-nos que a dificuldade

[181] M. J. de Almeida e Costa, em *Direito das Obrigações cit.*, pág. 911.

[182] Cfr. o acórdão do STJ de 10.13.2016, 2ª seção, pº 967/14.1TBACB.C1.S1, *http://www.dgsi.pt.*

[183] Ver Gil Vicente Maia, no rigoroso estudo acima referido *Boa fé e responsabilidade civil decorrente da violação de deveres acessórios de conduta: o critério do «perímetro contratual» na delimitação do regime de responsabilidade aplicável*, pág. 33, onde menciona vários autores e acórdãos enquadrados numa e outra daquelas orientações.

reside, pois, naquele núcleo de situações em que da relação contratual emerge um concreto dever acessório de conduta, o qual não consta directamente do conteúdo contratual acordado, e há-que determinar o regime de responsabilidade aplicável. Como saber, então, se tal dever se inclui ou reporta ao âmbito de previsão do contrato, quando as partes sobre ele nada estipularam? Como saber, nesses casos, se a solução passa pela aplicação dos preceitos relativos à responsabilidade delitual ou à responsabilidade contratual? Em suma, como determinar quais os concretos limites do «perímetro contratual»? (...) Neste sentido, tendo o dano resultado da violação de um dever que, analisado o conteúdo do contrato, pode subsumir-se ou inscrever-se no seu programa, aplicar-se-iam os preceitos reguladores da responsabilidade contratual. Diferentemente, se de tal conteúdo não se possa inferir a existência de tal dever, ou se de tal dever tiver resultado uma lesão para um terceiro, aplicar-se-ão os preceitos reguladores da responsabilidade aquiliana [184].

4.5. Referências jurisprudenciais

I – O art. 762º/2 do CC impõe ao credor e ao devedor que, no âmbito das respectivas situações jurídicas, procedam de boa fé. II – O vínculo obrigacional é uma realidade composta ou complexa, que não se reduz a um mero dever de prestar, a cargo do devedor, contraposto à pretensão creditícia, englobando antes, na sua estrutura interna, vários elementos jurídicos autónomos; fala-se, a tal respeito, da complexidade intra-obrigacional. III – É nessa complexidade intra-obrigacional que se situam os deveres acessórios de conduta, baseados na boa fé: deveres de lealdade, de esclarecimento, de colaboração, de protecção. IV – Esses deveres atingem ambas as posições, a do devedor e a do credor. V – Também na sua actuação processual devem as partes agir de boa fé e observar os deveres de cooperação resultantes do disposto no art. 266º do CPC: a violação destes princípios traduz a litigância de má fé.

Acórdão do STJ de 02-07-2002, Pº 03B573

1. A violação dos deveres laterais ou acessórios constitui violação dos deveres inscritos na relação obrigacional; 2. Por isso, para se saber se há responsabilidade contratual ou extracontratual, importa averiguar, em cada caso, se as partes previram ou o legislador enunciou os deveres que vinculam os contraentes. 3. Se aí não se integram os deveres

[184] *Boa fé e responsabilidade civil decorrente da violação de deveres acessórios de conduta: o critério do «perímetro contratual» na delimitação do regime de responsabilidade aplicável*, cit., pág. 34.

concretamente violados, resultará da violação um ilícito extracontratual sujeito à prescrição prevista no artigo 498º do Código Civil.(...)

Acórdão do Tribunal da Relação do Coimbra de 09.11.2004, proc. 278/04, ALEXANDRINA FERREIRA

I – Os contratos incluem não só as obrigações deles expressamente constantes, mas também deveres acessórios inerentes à produção do resultado por eles visado. II – Estes deveres resultantes acessoriamente do contrato, em paralelo com a obrigação principal e destinados a assegurar a perfeita execução desta, a ponto de a sua violação poder gerar uma situação de incumprimento, implicam a adopção de procedimentos indispensáveis ao cumprimento exacto da prestação, com destaque para o dever de cooperação, sem o qual muitas vezes a utilidade final do contrato não é alcançada. III – Tais deveres são indissociáveis da regra geral que impõe aos contraentes uma actuação de boa fé – art. 762º, nº 2, do CC – entendido o conceito no sentido de que os sujeitos contratuais, no cumprimento da obrigação, assim como no exercício dos direitos correspondentes, devem agir com honestidade e consideração pelos interesses da outra parte – princípio da concretização. (...) VII – A violação dos deveres de vigilância e controle apontados, e da consequente garantia de segurança do filho da autora, deveres esses acessoriamente derivados do contrato celebrado, torna a ré responsável pelos prejuízos sofridos, nos termos da responsabilidade contratual.

Acórdão do STJ, de 07.12.2010, pº 984/07.8TVLSB.P1.S1, SILVA SALAZAR

(...) Os deveres acessórios emergem do princípio da boa fé e não têm por objecto uma prestação, sendo usualmente agrupados em deveres de informação ou esclarecimento, em deveres de lealdade em deveres de proteção ou segurança. A sua violação apenas pode originar uma pretensão indemnizatória.

Acórdão do STJ, de 13-10-2016, pº 967/14.1TBACB.C1.S1, da 2ª seção, MARIA DA GRAÇA TRIGO

(...) No negócio jurídico bilateral, de onde emergem direitos e deveres para cada uma das partes, a avaliação do incumprimento contratual não se confina aos deveres principais adstritos às respectivas partes, estendendo-se, necessariamente, aos deveres acessórios ou complementares ínsitos nas estipulações contratuais e aos que decorrem do desígnio da própria vinculação contratual (deveres inerentes à dinâmica negocial assentes no princípio de boa-fé e num critério ético-normativo de razoabilidade).

Acórdão do STJ, de 27.11.2018, pº 4724/10.6TBSTB.E1.S1, GRAÇA AMARAL

VI. A boa-fé nas relações da Administração Pública com os administrados

1. Compatibilidade entre os princípios da boa-fé e da legalidade

No que à atividade da Administração Pública diz respeito, não tem sido pacífica a admissão da coexistência dos princípios da boa-fé e da legalidade. Com efeito, esta é mais uma matéria relativa ao princípio da boa-fé que vem suscitando alguma controvérsia. Segundo uma orientação, não tem sentido exigir que a Administração Pública desenvolva a sua atividade segundo regras de fundo ético, como teria necessariamente de suceder com a sua submissão ao princípio da boa-fé. Considera-se que a Administração Pública deve adequar e proceder segundo os ditames legais que a regem. Se, nos termos do que está legislado, tiver direito a um determinado procedimento, isto é, se agir de harmonia com as normas legais que regulam e amparam a sua atuação, não necessita de bases de boa-fé. As questões que possam surgir no decurso dessa sua atividade são resolvidas de acordo com as regras legais a que está submetida. E tanto basta, pois *o que é legal é bom*. A Administração Pública, por definição, é uma pessoa de bem, não age de má-fé. Não necessita do instituto da boa-fé como orientador da atividade que desenvolve.

Esta última afirmação, na sua simplicidade, tem, pelo menos, dois aspetos que a tornam falaciosa.

Efetivamente, por um lado, é uma afirmação abstrata, por apenas se sustentar numa entidade abstrata. Passa ao lado da circunstância inescamoteável e inultrapassável de que na realidade, a Administração Pública é desenvolvida por seres humanos o que, só por si, faz com que essa afirmação careça de substrato realista. O que caracteriza a boa-fé não é o comportamento geral de uma pessoa, órgão ou agente da Administração; não é sobre isso que incide o juízo a efetuar. O que releva para aquele efeito é cada uma das atitudes comportamentais concretas dos órgãos ou agentes da Administração Pública, inserida numa determinada relação jurídica[185]. Por isso, não basta ser considerado em abstrato como *pessoa de bem*, é necessário que o seu agir concreto o confirme.

Por outro lado, aquela afirmação parte da premissa errada de que a violação dos valores que sustentam a boa-fé constituirá, sempre e em qualquer caso, agir de má-fé, o que não corresponde à realidade. A má-fé subentende uma intenção de que a ausência de boa-fé não necessita: para que não haja boa-fé basta que se viole, intencionalmente ou não, um determinado comportamento objetivamente imposto em benefício da proteção da confiança e da segurança jurídicas.

Aquela é uma visão de suficiência de suporte legal que dá ao princípio da legalidade um valor absoluto. Ora, como já atrás foi salientado e Castanheira Neves assevera, *absolutas não são as normas legais, mesmo que constitucionais; absoluto é o Direito*. Em última análise, o que está em equação é a questão já antes abordada do eventual conflito entre as normas de direito positivo e os princípios gerais de direito, sendo que, como ali foi referido, estes prevalecem sobre aquelas[186].

Por isso mesmo, o que carece de sentido e constitui uma inversão de valores é pretender que a boa-fé é supérflua, quando considerada a atuação da Administração Pública desde que esta tenha conformidade legal. É certo que toda a atividade da Administração Pública tem que ter cobertura de uma norma legal, mas essa cobertura pode não ser suficiente para que se possa afirmar que ocorre a conformidade jurídica dessa atuação. A Administração Pública em caso algum pode agir de costas voltadas para o Direito e, como também antes foi aqui salientado, os princípios gerais de direito são igualmente integrantes do ordenamento jurídico de que são peça fundamental. Nada sustenta a preten-

[185] Cfr. Jesus Gonzalez Perez, *El principio general de la buena fe en el derecho administrativo, cit.*, pág. 41.

[186] Cfr. Afonso R. Queiró, *Lições de Direito Administrativo cit.*, págs. 291 e seguintes.

são de que a atuação da Administração Pública apenas se submeta a uma parte do ordenamento jurídico do país a que respeita, postergando a outra. O princípio da legalidade é apenas um dos princípios do ordenamento jurídico e do estado de direito. É de aplicação necessária, mas pode não ser suficiente para a preservação e salvaguarda de outros valores fundamentais como os da confiança, da segurança, da paz social. Como adiante se verá, esta prevalência vem sendo reconhecida pela doutrina e jurisprudência, segundo as quais, a salvaguarda da boa-fé pode implicar que tenham de ser sacrificadas soluções legais conflituantes com o princípio da boa-fé na atividade da Administração Pública.

O instituto do *abuso do direito* constitui um claro reconhecimento de que a legalidade da atuação pode não bastar para que se realizem valores superiores como o da justiça social, quer se trate da atividade privada, quer da Administração Pública, certo sendo que o *abuso de direito* é um instituto jurídico comum ao direito público – mesmo que se não trate de *abuso do poder*[187]– e ao direito privado. Constitui *um dos expedientes técnicos ditados pela consciência jurídica para obtemperar, em algumas situações particularmente clamorosas, aos efeitos da rígida estrutura das normas legais. Ocorrerá tal figura de abuso quando um determinado direito- em si mesmo válido – seja exercido de modo que ofenda o sentimento de justiça dominante na comunidade social*[188].

Sintetiza-se aquele entendimento com as palavras de LARENZ: *A salvaguarda da boa-fé e a manutenção da confiança forma a base das relações jurídicas e, em especial, de toda vinculação jurídica individual. Por isso, o princípio da boa-fé não pode limitar-se às relações obrigacionais privadas, antes se aplica sempre que exista uma especial vinculação jurídica, e, neste sentido, pode ocorrer, portanto, no direito das coisas, no direito processual e no direito público*[189].

Assim, o máximo que se pode dizer é que:

- O princípio da legalidade não exclui o princípio da boa-fé;
- O princípio da boa-fé pode afetar a validade de uma situação de legalidade;

[187] Cfr. DIOGO FREITAS DO AMARAL, *Curso de Direito Administrativo, II, cit.*, pág. 149.

[188] M. J. DE ALMEIDA E COSTA, em *Direito das Obrigações cit.*, pág. 64.

[189] Citado por JESUS GONZALEZ PEREZ, *El principio general de la buena fe en el derecho administrativo, cit.*, pág. 26.

- Sem cobertura legal de determinada atuação administrativa, não é pertinente colocar questões de boa-fé.
- A cobertura legal de uma situação imprime-lhe a força própria da lei designadamente contra a irrelevância do seu desconhecimento, ao que o princípio da boa-fé é alheio.

2. A boa-fé na atividade da Administração Pública

Recordemos que o acatamento do princípio da boa-fé nas relações estabelecidas pela Administração Pública através dos seus órgão e agentes é um dever que lhe é imposto não apenas porque se trata de um princípio geral e fundamental integrador do ordenamento jurídico, como também porque o nº 2 do artigo 266º da Constituição da República estabelece que, na sua atividade, os órgãos e agentes administrativos *estão subordinados à Constituição e à lei e devem actuar, no exercício das suas funções, com respeito pelos princípios da igualdade, da proporcionalidade, da justiça, da imparcialidade e da boa-fé.* Recorde-se ainda que o nº 1 do artigo 10º do CPA consagra igualmente esse dever estabelecendo que *no exercício da atividade administrativa e em todas as suas formas e fases, a Administração Pública e os particulares devem agir e relacionar-se segundo as regras da boa-fé.*

Significa isso que a Administração deve desenvolver a sua atividade de modo a criar nos administrados um clima de *confiança, segurança, veracidade e previsibilidade.* O administrado espera fundamentadamente que a atividade administrativa decorra sempre com lealdade, retidão, honestidade, coerência e seriedade, requisitos indispensáveis à criação e manutenção daquele clima de confiança e segurança jurídicas. *A Administração não deve atraiçoar a confiança que os particulares interessados puseram num comportamento seu*[190]. E se isso sucede, como se disse, em qualquer das formas de manifestação da atividade da Administração Pública, *as relações contratuais de matriz publicista, às quais correspondem tendencialmente quadros colaborativos complexos, serão (...)um terreno fértil par a tutela da confiança*[191].

[190] José Eduardo Figueiredo Dias/Fernanda Paula Oliveira, *Noções Fundamentais de Direito Administrativo*, Almedina, 2ª ed., 2010, pág. 123.

[191] Cfr. Miguel Lucas Pires/Tiago Cravo, *A transmissão de relações laborais por efeito próprio da adjudicação e celebração de um contrato administrativo: quatro dúvidas essenciais*, em Revista de Contratos Públicos, nº 27, CEDIPRE/UC/Almedina, págs. 44/45.

A boa-fé faz, portanto, apelo a uma dimensão ética do agir administrativo por forma a, através da sua conduta, criar generalizadamente nos cidadãos a convicção de que as entidades públicas administrativas, os órgãos que as representam e os seus agentes procedem como "*pessoas de bem*"[192]. Com efeito, a Administração Pública é a corporização máxima da prossecução do interesse público; existe por causa do interesse coletivo da comunidade e unicamente para o satisfazer. Por isso mesmo se pode afirmar que deve adotar o princípio da boa-fé na sua mais rigorosa e exigível expressão, deve mesmo ser disso um exemplo.

O administrado tem o direito de confiar que quem desenvolve a atividade da Administração Pública o fará conforme as exigências do interesse público nos limites do que está estabelecido no ordenamento jurídico em vigor, portanto não segundo um estrito interesse administrativo ou legal, mas coletivo e global conforme decorra daquele ordenamento jurídico.

Por outro lado, a existência, manutenção e visibilidade dessa auréola de *pessoa de bem* por parte da Administração Pública deve constituir o instrumento inspirador da reciprocidade dos procedimentos de boa-fé. Sendo, como é, indispensável que os administrados, nas relações que com aquela estabelecem, igualmente pautem os seus comportamentos por regras de retidão, lealdade, verdade, sinceridade e honestidade, em suma, segundo o princípio da boa-fé, torna-se, para isso, imprescindível que sintam ser esse o procedimento que encontram na outra parte. Em termos práticos, é necessário que o administrado tenha a fundada convicção de que a atividade Administrativa Pública não é exercida para lhe causar dano ilegal ou injusto e antes lhe poderá proporcionar benefícios ou evitar prejuízos.

Em conclusão: o princípio da boa-fé não só tem plena aplicação no âmbito do Direito Administrativo como tem nesse âmbito uma especial e mesmo básica relevância[193].

[192] Cfr. F.A. Ferreira de Almeida, *Direito Administrativo*, Almedina, 2018, pág. 128.

[193] Cfr. Jesus Gonzalez Perez, *El principio general de la buena fe en el derecho administrativo, cit.*, pág. 31.

3. Âmbito da boa-fé na atividade da Administração Pública

3.1. Mais uma vez importa ter presente que, conforme estabelece o artigo 10º do CPA, a submissão da atividade administrativa pública ao princípio da boa-fé se reporta a toda essa atividade, *em todas as suas várias manifestações*[194], independentemente da forma de que se reveste, da fase a que respeita e da natureza vinculativa ou discricionária que a caracteriza, pois sempre se verifica a *necessidade premente de criar um clima de confiança e previsibilidade no seio de Administração Pública*[195]. Em todos seus tipos de atividade ocorre a necessidade de prevenir situações que se possam revestir de deslealdade ou incoerência, que frustrem e violem a justa espectativa dos administrados numa atuação que deve ser caracterizada pela credibilidade, coerência, retidão, lisura e honestidade.

3.1.1 Tratando-se de atividade de Administração Publica desenvolvida no exercício de poderes discricionários, aquela dispõe, por isso, da possibilidade de escolher *a solução mais adequada*[196], optando pelo sentido da sua intervenção segundo critérios de oportunidade e conveniência com vista à realização do interesse público subjacente à atribuição desse poder. Mas, mesmo neste caso – e, porventura, principalmente neste caso – os órgãos e agentes da Administração Pública não estão dispensados do cumprimento dos princípios gerais de atuação administrativa estabelecidos no CPA (artigos 3º a 19º) e no artigo 1º-A do CCP. A discricionariedade, como reserva de atuação administrativa, tem limites internos que vão para além da competência do exercício e do respeito do fim para que esse poder foi atribuído. A discricionariedade não se traduz numa exceção ao princípio da legalidade, afastada de qualquer controlo judicial[197]. A observância desses princípios é uma manifestação dessa legalidade, é condição de legalidade da atuação, constituindo um dos aspetos vinculativos da discricionariedade. Vem-se entendendo, de modo pacífico, que os princípios gerais de direito, em última análise, se reconduzem a um conceito largo de legalidade e a sua violação não é

194 Diogo Freitas do Amaral, *Curso*...II, pág. 148.

195 Diogo Freitas do Amaral, *Curso*...II, pág. 147.

196 Diogo Freitas do Amaral, *Curso*...II, pág. 86.

197 Diogo Freitas do Amaral, *Curso*...II, pág. 110.

uma questão de mérito. O seu acatamento, em princípio, é uma questão exterior e condição prévia relativamente ao mérito ou demérito da atuação. Significa, portanto, que a respetiva apreciação contenciosa não tem, ao menos diretamente, a ver com o mérito e antes com a conformidade legal da atuação; não se trata de apreciar a conveniência ou oportunidade de uma medida administrativa, mas antes apreciar se ela foi tomada em obediência aos princípios a que a respetiva decisão estava submetida[198]. Pelo que tem de considerar-se controlável por via jurisdicional.

3.1.2 Quanto à atividade vinculada, é pacífico o entendimento de que o princípio da boa-fé igualmente se aplica à atividade vinculada da Administração Pública. Efetivamente, o nº 2 do artigo 266º da Constituição não deixa margem à inaplicabilidade desse princípio no exercício de poderes vinculados, pois não distingue entre qualquer dos tipos de atuação: *Os órgãos e agentes administrativos estão subordinados à Constituição e à lei e devem actuar, no exercício das suas funções, com respeito pelos princípios da igualdade, da proporcionalidade, da justiça, da imparcialidade e da boa fé.* E, como já aqui deixamos exposto e vem sendo reconhecido pela jurisprudência que se apoia na doutrina que cremos dominante, isso sucede mesmo que tenham de ser sacrificadas soluções legais ostensivamente conflituantes com aquele princípio[199].

3.2. A submissão da atividade da Administração Pública ao princípio da boa-fé, por um lado, implica que deve estar presente *em todas as suas formas e fases* (artigo 10º do CPA), cobrindo, portanto todos os instrumentos jurídicos que a lei lhe faculta para o exercício dessa sua atividade: regulamento, ato administrativo e contrato público[200]. Mas é manifesto que as eventuais dificuldades de compatibilização ou mesmo

[198] Há mesmo quem admita que o controlo jurisdicional pode invadir a área do mérito sindicando o *mau uso* do poder discricionário, o que, a nosso ver, só pode suceder se esse *mau uso* decorre da violação de princípios gerais de direito.

[199] Ver, por exemplo, acórdãos do STA de 06-07-2011, de 0589/11 , **2ª sec., e** de 21.09.2011, 2ª s., Pº 0753/11, adiante sumariados, que se arrimam na lição de Jorge Miranda e Rui Medeiros, segundo os quais *o princípio permite afastar soluções legais expressas que conduzam, em concreto, a uma violação da boa-fé»*. (Constituição da República Anotada, tomo III, pag. 575).

[200] Laurent Richer, *Droit des Contrats Administratifs*, 6ª ed., Lextenso éditions, 2008, Paris, pág. 286.

conflitos são de longe mais frequentes e mais visíveis quando se trata da prática de atos administrativos ou da celebração de contratos públicos.

Por outro lado, mesmo que essa atividade administrativa seja exercida sem submissão a esquemas formais pré-estabelecidos, nem por isso deixa de o ser e, consequentemente, essa atividade informal não deixa de estar submetida ao princípio da boa-fé, como, de resto, aos demais princípios que regem a atividade da Administração Pública[201].

E é por razões semelhantes de proteção da segurança e da confiança que essa submissão igualmente decorre quando uma tarefa da administração pública é exercida por *funcionário de facto,* isto é, por alguém que não tem qualquer título jurídico *habilitante ou, caso o tenha, trata-se de um título que não é válido ou eficaz*[202], ou mesmo por uma entidade privada que exerça funções materialmente administrativas (artigo 3º, nº 2 do CCP). A necessidade de agir de boa-fé no exercício da função administrativa pública existe seja quem for que a exerça.

3.3. Sem prejuízo das variantes da ausência de boa-fé adiante referidas, em termos de afirmação genérica, e, portanto, sem pretender esgotar as situações, pode dizer-se que a Administração Pública, conforme as circunstâncias de cada caso, pode violar o princípio da boa-fé, entre outros casos, quando:

- Adota comportamentos confusos, incoerentes, ambíguos, equívocos ou maliciosos;
- Atua contra os seus próprios atos, decisões ou deliberações;
- Adota procedimentos contrários à confiança que havia criado no administrado destinatário;
- Adota comportamentos contraditórios com a vontade que antes expressamente declarou;
- Adota dois comportamentos contraditórios entre si;
- Estabelece, para o cumprimento de deveres que impõe, prazos manifestamente desadequados e de observância excessivamente onerosa ou impossível;

201 Paulo Otero, *Legalidade e Administração Pública – O sentido da Vinculação Administrativa à Juridicidade,* Almedina, 2003, pág. 917.

202 Paulo Otero, *Legalidade e Administração Pública – O sentido da Vinculação Administrativa à Juridicidade cit.,* págs. 986/987.

- Quando, ainda para o cumprimento de deveres que impõe, estabelece condições impróprias, desadequadas ou que implicam desajustados sacrifícios psicológicos, materiais ou morais ao obrigado;
- Aplica sanções de conteúdo desproporcionado ou exagerado face à natureza ou intensidade da respetiva infração;
- Aproveita, oportunisticamente, circunstâncias anormais debilitantes em que o administrado destinatário esteja envolvido;
- Impõe, sem fundamento, prestações de conteúdo ou condições de realização mais gravosa que o necessário;
- Alega e se fundamenta nos seus próprios erros;
- Invoca nulidades por razões meramente formais não essenciais;
- Exerce um poder com um atraso tal que fez nascer a razoável conclusão de que já não tencionava exercê-lo;
- Faz um uso desrazoável, desproporcionado ou abusivo de um seu poder ou, de qualquer modo, abusa das suas prerrogativas;
- Faz exigências que, embora com cobertura legal, são desrazoáveis, inúteis ou carecidas de sentido ético ou prático.

4. Requisitos da invocação pelos administrados da violação do princípio da boa-fé

A doutrina tem salientado que para a invocação pelos administrados de violação do princípio da boa-fé, designadamente para os efeitos de exigir da Administração Pública procedimentos e decisões coerentes e em conformidade com promessas formuladas, é necessária a verificação cumulativa pelo menos das seguintes condições[203]:

- Que o órgão da Administração Pública tenha feito essa promessa, claramente e sem reserva, a uma pessoa certa e determinada;
- Que esse órgão fosse, segundo toda a aparência, competente para o ato;
- Que daí decorra a criação no administrado de uma situação de confiança justificada;

[203] Cfr., por todos, Marcelo Rebelo de Sousa, *O Concurso Público na Formação do Contrato Administrativo, cit.*, págs. 27/28.

- Que não seja razoável exigir que o administrado possa aperceber-se imediatamente de qualquer irregularidade da promessa;
- Que o administrado tenha, com base nessa promessa, assumido situação jurídica da qual não pode sair sem sofrer prejuízo;
- Que o regime jurídico aplicável não tenha sofrido alterações entre o momento em que a promessa foi feita e aquele em que o administrado invoca a boa-fé.

5. Referências jurisprudenciais

(...) II – Tendo a interessada feito saber a ocorrência de factos que poderiam reflectir-se na graduação dos candidatos a certo concurso, a Administração, por respeito ao princípio da boa-fé nas relações com os administrados e ao da justiça nas suas decisões, devia oficiosamente tudo fazer para averiguar da veracidade ou não dos factos denunciados.

Acórdão do STA, de 19.01.1995/ Pº 036096/1ª Sub. Payan Martins

Independentemente da questão de saber se a AT é obrigada a notificar a recorrente para prestar nova garantia (caducada a anteriormente prestada) antes de proceder à compensação prevista no art. 89º do CPPT, tal compensação deve ter-se por ilegal, por violação do princípio da boa-fé, caso se provem circunstâncias concretas das quais se subsuma a ocorrência de uma efectiva situação de confiança justificada, traduzida, no caso, na convicção por parte da reclamante na determinação da AT quanto à sua actuação subsequente em caso de caducidade da garantia prestada, e caso se constate, por outro lado, uma actuação geradora de tal confiança, por parte da AT.

Acórdão do STA, 06-07-2011, de 0589/11, 2ª sec., Casimiro Gonçalves

I – O princípio da boa fé, na sua vertente de tutela da confiança, visa salvaguardar os sujeitos jurídicos contra actuações injustificadamente imprevisíveis daqueles com quem se relacionem. II – No âmbito da actividade administrativa são pressupostos da tutela de confiança um comportamento gerador de confiança, a existência de uma situação de confiança, a efectivação de um investimento de confiança e a frustração da confiança por parte de quem a gerou. III – A violação pela administração tributária dos deveres procedimentais de colaboração e de actuação segundo as regras da boa fé, pode consistir em vício autónomo de violação de lei. IV – Não padece de ilegalidade por violação do princípio da boa fé, na sua vertente da tutela da confiança, o acto de compensação da dívida exequenda operada pela Administração Tributária, ao abrigo do disposto no art. 89º do CPPT, na pendência de impugnação, após a garantia prestada ter caducado (mas sem que, tivesse anteriormente sido ordenada a notificação da recorrente para, querendo, prestar nova garantia), se, no caso, atentas as circunstâncias concretas, não se demonstrou a existência de uma actuação da administração tributária anterior ao próprio acto de compensação posto em crise e geradora de uma situação de confiança, nomeadamente da convicção por parte da reclamante de que teria que ser notificada para renovar a garantia no termo do respectivo prazo.

Acórdão do STA, de 21.09.2011, 2ª s., Pº 0753/11, Pedro Delgado

I – O princípio da boa fé negocial é um dos pilares indispensáveis ao funcionamento regular do comércio jurídico. II – A boa fé pressupõe, na fase pré-negocial, a observância de deveres de informação, esclarecimento e lealdade, tendo em vista os interesses legítimos da contraparte. A responsabilidade pré-contratual, com a amplitude que lhe dá o citado preceito, abrange justamente os danos provenientes da violação desses deveres secundários do dever de boa-fé pré-negocial. III – Esta responsabilidade tem a sua ratio na protecção da confiança depositada por cada um dos contraentes nas expectativas legítimas que o outro lhe crie durante as negociações, não só quanto à validade e eficácia do negócio, mas também quanto à sua formação. Visa a tutela da confiança do sujeito na correcção, na honestidade, na lisura, na lealdade, e na colaboração activa da contraparte na satisfação das expectativas alheias. É uma responsabilidade que tanto pode ocorrer no domínio dos contratos, como dos negócios unilaterais, ou até dos puros actos jurídicos que tenham um destinatário. A celebração do contrato ou a sua anulação, não afastam a aplicação desta responsabilidade.(...) VII – O instituto do abuso do direito, bem como os princípios da boa-fé e da lealdade negocial, são meios de que, os tribunais, devem lançar mão para obtemperar a situações em que alguém, a coberto da invocação duma norma tuteladora dos seus direitos, ou do exercício da acção, o faz de uma maneira que – objectivamente – e atenta a especificidade do caso, conduz a um resultado que viola o sentimento de Justiça, prevalecente na comunidade, que, por isso, repudia tal procedimento, que apenas formalmente respeita o Direito, mas que, em concreto, o atraiçoa.(...)

Acórdão do STJ, de 15.05.2012/Pº 6440/09.2TVLSB.L1.S1/, Paulo Sá

(...) 7. A inobservância das regras estabelecidas no que concerne à qualificação técnica dos concorrentes e à realização de negociações, viola os princípios da igualdade, transparência e boa fé, resultantes da legislação referida no ponto 2 e dos arts. 5º e 6º-A do Código do Procedimento Administrativo; (...) 9. A falta de explicitação das habilitações técnicas

adequadas e necessárias à execução da obra, viola o disposto nos nºs 1 e 2 do artº 31º do Decreto-Lei nº 12/2004, de 9 de Janeiro, e os princípios da igualdade, transparência e boa fé.

Acórdão do Tribunal de Contas nº 07/2011, 22.02.2011 – 1ª S/SS /Processo nº 1809/2010.

(...) IV. – Uma conduta da administração só é referenciável ao princípio da boa-fé ínsito no artº 6º-A do CPA se a lei e a própria natureza do ato impusessem a vinculatividade jurídico-administrativa da expectativa criada o que não ocorreu no caso posto. V. – A invocada violação da confiança só será juridicamente relevante se decorrer de qualquer conduta lesiva de direitos e interesses legalmente protegidos da Recorrente e isso se mostre minimamente substanciado.

TCAS, de 19.01.2017, pº. 06086/10/ CA- 2º, José Gomes Correia

I – Na sua actividade, ainda que no exercício de poderes discricionários, a Administração está vinculada à prossecução do interesse público e ao respeito dos princípios gerais da actividade administrativa. II – Não é razoável nem proporcional a entidade adjudicante não corresponder a um pedido de prorrogação do prazo de prestação da caução quando, por um lado, a garantia bancária a apresentar pela adjudicatária estava garantida por uma entidade bancária, e quando, por outro lado, a decisão da entidade adjudicante levou ao prolongamento do procedimento e à escolha de uma proposta de valor mais elevado.

Acórdão do STA de 20.02.2020 pº 0523/14BECTB, Maria Benedita Urbano

***(...)** Para que se verifique a violação da Proteção da Confiança, sempre será necessário que o Estado tenha, designadamente, encetado comportamentos capazes de gerar nos privados "expectativas" de continuidade e que as mesmas se mostrem legítimas, justificadas e fundadas em boas razões.(...).*

Acórdão do TCAN, de 29-05-2020/Pº 00766/13.8BEBRG/1ª Secção Frederico Macedo Branco

Tratava-se de um erro de que pretensamente enfermava o acórdão recorrido por o ato impugnado incorrer na violação do princípio da boa-fé. A entidade pública, após ter verificado e atestado o cumprimento pelo administrado e, em consequência, ter determinado o seguimento do procedimento administrativo antes da notificação para audiência prévia da decisão de restituição de uma quantia paga por aquele, veio ulteriormente a exigir a restituição das verbas respetivas, o que foi julgado traduzir-se numa conduta violadora do princípio da boa-fé, previsto no 6º-A do CPA, (...) no plano dos princípios, por se consubstanciar numa conduta que desrespeita o relacionamento com os administrados baseado na boa-fé e segundo o princípio da confiança legítima gerada na contraparte.

Acórdão do TCAS, de 18.06.2020/Pº 685/07.7BELSB, Ana Celeste Carvalho

Existindo três prestações para pagamento do imposto liquidado, e independentemente da posição que se assuma na controvérsia jurídica sobre os prazos de impugnação da liquidação do imposto do selo a que se refere a verba 28 da TGIS, o facto de em cada uma das notas de cobrança se prever expressamente a impugnação da liquidação, nos termos e prazos estabelecidos no artigo 102º do CPPT, impõe que face ao princípio geral de direito da boa fé e sob pena de total frustração da confiança que os administrados devem depositar nas informações emanadas da própria Administração Tributária, porquanto traduzirem expetativas e confiança que merecem ser tuteladas, se deva relevar como início do prazo de três meses da impugnação o que se conta do termo do prazo de pagamento voluntário da prestação em causa.

Acórdão do TCAS, de 04-06-2020/ Pº 724/14.5BELRS, Patrícia Manuel Pires

VII. Manifestações da boa-fé no Direito Administrativo

1. Manifestações em diplomas legais

Ficou atrás referido que a integração dogmática do princípio da boa-fé no Direito Administrativo não foi fácil nem rápida. Todavia, desde que essa integração ocorreu com consistência, o instituto da boa-fé passou a figurar com normalidade no direito administrativo positivado e, de modo igualmente corrente, com acentuada relevância decisória, a ser considerada pelos tribunais administrativos, como evidenciam as referências jurisprudenciais incluídas neste estudo a título exemplificativo.

Referindo algumas das inserções em textos legislativos relacionadas com a contratação pública:

- No CPA, para além do referido artigo 10º (correspondente ao anterior 6º-A), o artigo 60º estabelece o dever de cooperação e boa-fé procedimental e o 167º, nºs 5 e 6 dispõem que *os beneficiários de boa-fé do ato revogado têm direito a ser indemnizados, nos termos do regime geral aplicável às situações de indemnização pelo sacrifício, mas quando a afetação do direito, pela sua gravidade ou intensidade, elimine ou restrinja o conteúdo essencial desse direito, o beneficiário de boa-fé do ato revogado tem direito a uma indemnização correspondente ao valor económico do direito eliminado ou da parte do direito que tiver sido restringida* considerando-se *de boa-fé os beneficiários que, à data da prática do ato revogado, desconheciam sem culpa a existência de fundamentos passíveis de determinar a revogação do ato.*

- No CCP o princípio é expressamente invocado nos artigos 1º-A (princípios), 283º (invalidade consequente de atos procedimentais inválidos), 285º (regime de invalidade), 286º (princípios fundamentais), 312º (fundamentos da modificação objetiva dos contratos), 332º (resolução do contrato por iniciativa do cocontratante) e 333º (resolução sancionatória) e, para além dos já referidos artigos relativos ao sigilo (66º, 95º, 120º, 129º, 132º, 144º, 189º, 214º, 290º, 305ºe 440º), está implicitamente contido pelo menos nos seguintes artigos: 64º, nº 3 (prorrogação do prazo de apresentação de propostas no caso de alterações de aspetos fundamentais das peças do procedimento), 70º, nº 2 e) (exclusão de proposta de preço anormalmente baixo), 71º (preço ou custo anormalmente baixo), 92º (prorrogação do prazo para a confirmação de compromissos de terceiras entidades), 99º, nº 2, alínea b) (inclusão nos ajustamentos ao contrato de soluções contidas em proposta de outro concorrente), 146º, nº 2 (exclusão de propostas segundo o relatório preliminar), 175º, nº 3 (prorrogação do prazo de apresentação de candidaturas), 184º, nº 2, alínea j) (apresentação de documentos falsos), 289º (dever de colaboração e de cooperação), 290º (dever de aviso e informação), 391º (situação provisória dos trabalhos de empreitada) e Anexos I, II e V (compromisso de honra).

De resto, não saindo do CCP e seguindo M. e R. Esteves de Oliveira[204], além daquelas, há ainda manifestações daquele princípio nas suas vertentes de *verdade e seriedade* nos seguintes preceitos: artigo 81º-A, nº 3 (compromisso de honra), artigo 87º (falsidade de documentos ou declarações), artigo 99º, nº 2, b) (proibição de ajustamentos ao conteúdo do contrato a celebrar que incluam soluções contidas em proposta apresentada por outro concorrente), artigos 146º, nº 2, b) e 184º, nº 2 (exclusão de proposta ou candidatura apresentadas por agrupamento com membro que também é concorrente isoladamente ou integrado em outro agrupamento concorrente), 189º, nº 2, h) (inclusão nos documentos de candidatura de elementos suscetíveis de fazer o júri aperceber-se do preço da proposta) e artigo 456º, d) (qualifica de

[204] *Concursos e Outros Procedimentos de Contratação Pública cit.*, págs. 253/254.

contraordenação muito grave a apresentação de documentos falsos de habilitação, de documentos que constituem a proposta e de documentos destinados à qualificação).

Além daqueles casos importa referir o artigo 314º, nº 1, b) do CCP que confere o direito à *reposição do equilíbrio financeiro do contrato* administrativo modificado unilateralmente pelo contraente público por razões de interesse público[205]. Trata-se de um comando que constitui um corolário de dois princípios gerais de direito: o princípio da boa-fé e o princípio da boa administração[206]. Seria de considerar lesivo dos valores inerentes à boa-fé exigida às partes contratantes admitir que ao contraente público fosse indiferente e que permanecesse alheio a toda e qualquer causa geradora do desequilíbrio da equação económica que subentende a vontade do contraente particular. O que, além do mais, teria reflexos negativos quer na concorrência aos procedimentos adjudicatórios, quer nas próprias condições de participação nesses procedimentos por parte dos privados cujas propostas, necessariamente, cobririam esses riscos.

E considerações semelhantes se podem fazer a propósito do instituto da *revisão de preços*, ordinária e extraordinária (artigos 42º, nº 4, 282º, nº 3, 341º, nº 2 e 382º).

Justifica-se também uma última referência especial ao *dever de decisão* que é inerente à Administração Pública, por ser uma forma da realização das respetivas atribuições legais e para o que lhe foi conferida a respetiva competência. O exercício desse dever constitui um dos princípios gerais da atividade administrativa, por isso, a nosso ver, de cumprimento vinculado, como tal consagrado no artigo 13º do CPA. Sem prejuízo da sua natureza de ato administrativo, como ato complexo que inclui uma vertente de natureza negocial[207], a decisão de adjudicação está submetida aos princípios que regem o procedimento que visa a celebração do

[205] Cfr. Miguel Lucas Pires/Tiago Cravo, *A transmissão de relações laborais por efeito próprio da adjudicação e celebração de um contrato administrativo: quatro dúvidas essenciais*, em Revista de Contratos Públicos, nº 27, CEDIPRE/UC/Almedina, págs. 41/45.

[206] Cfr. Luíz S. Cabral de Moncada, *O Contrato Administrativo e a Autoridade Administrativa*, ed. Quid Juris, 2021, pág. 257/258.

[207] Cfr. João Pacheco de Amorim, *As Decisões de Adjudicação e não Adjudicação no Código dos Contratos Públicos*, Almedina, 2021, pág. 14.

contrato. Por isso, além de decorrer do próprio conceito de Estado de Direito, o princípio de dever de decisão é um dos corolários do princípio da boa-fé[208]. O seu acatamento pela entidade adjudicante corresponde a uma legítima confiança dos administrados participantes no procedimento adjudicatório. Afigura-se-nos que tem total cabimento a esclarecida consideração de RODRIGO e MÁRIO ESTEVES DE OLIVEIRA de que, *o que releva ou deve relevar é a tutela que deve ser dispensada à confiança depositada pelo próprio concorrente na observância das "regras do jogo", que a entidade adjudicante aprovou, sendo que, se porventura não garantiu bem os seus interesses, então* ***sibi imputet***[209]. E isso, como temos vindo a salientar, é uma questão de boa-fé. Sem pretender abordar aqui o debatido tema da sua natureza de ato legalmente devido, o respeito por aquela confiança legítima criada nos participantes no concurso, a nosso ver, reforça essa natureza e bem assim o carácter taxativo das situações em que esse dever não pode ser exercido (artigos 76º e 79º do CCP)[210].

O dever de decisão, de modo explícito ou implícito, está presente em diversos preceitos do CCP: artigo 76º (dever de decisão de adjudicar), artigo 79º (dever de decisão de não adjudicar), 187º (dever de qualificação), artigo 356º (dever decidir a consignação), etc..

2. A boa-fé e os conceitos indeterminados

Já se deixou aqui salientado que as virtualidades do princípio da boa-fé se revelam designadamente nas tarefas hermenêuticas dos textos legais escritos, numa intervenção de controlo dos excessos da Administração Pública no exercício dos seus poderes, vinculados ou discricionários, na integração de vazios contidos nos preceitos normativos legais e na legitimação de soluções resultantes da aplicação do direito contido nas leis e regulamentos.

208 MARCELO REBELO DE SOUSA e ANDRÉ SALGADO DE MATOS, *Direito Administrativo Geral*, Tomo III, 2ª ed., D. Quixote, 2009, pág. 115.

209 *Concursos e Outros Procedimentos de Contratação Pública*, pág. 953.

210 Sobre essa questão, ver JOÃO PACHECO DE AMORIM, *As Decisões de Adjudicação e não Adjudicação no Código dos Contratos Públicos cit.*, págs. 67 e seguintes.

No que respeita à sua tarefa de contribuir para o preenchimento de situações que os textos legais não contemplam com soluções concretas, de modo expresso e específico, assume particular relevância a decorrente dos *conceitos indeterminados.*

Conceitos indeterminados são aqueles cujo conteúdo e extensão são em larga medida incertos ou, noutra formulação, não permitem comunicações claras quanto ao seu conteúdo, seja por polissemia, vaguidade, ambiguidade, porosidade ou esvaziamento[211].

A utilização de conceitos indeterminados é muitas vezes uma consequência da absoluta necessidade de utilização de textos escritos, necessariamente através de linguagem, surgindo muito frequentemente como contingência desse processo e podendo revestir-se de vários graus[212]. Mas é também um expediente que permite o amoldamento de textos legais à especificidade das situações que em abstrato contemplam, deixando a delimitação dos seus contornos concretos a quem está perante cada situação concreta e tem a tarefa de lhe dar a respetiva solução jurídica. Finalmente, é ainda um meio de permitir que uma estatuição legal possa acompanhar a evolução das conceções sociais em que se baseia ou das respetivas referências técnicas.

Portanto, e sintetizando a razão da existência de conceitos indeterminados: *por um lado, a lei tem de deixar uma margem de livre apreciação de certas situações a quem as conhece em concreto e, por outro, porque a lei precisa de se abrir à mudança das concepções sociais e às alterações da vida trazidas pela sociedade técnica – isto é, precisa de adaptar-se e de se fazer permeável aos seus próprios fundamentos ético-sociais*[213].

[211] Diogo Freitas do Amaral, *Curso de Direito Administrativo cit., II,* pág. 117.

[212] Cfr. Marcelo Rebelo de Sousa e André Salgado de Matos, *Direito Administrativo Geral cit.,I,* págs. 187.

[213] Diogo Freitas do Amaral, *Curso de Direito Administrativo cit., – II,* págs. 117 e 118. Cfr., também Marcelo Rebelo de Sousa, *Lições de Direito Administrativo I cit.,* págs. 110 e seguintes, Marcelo Rebelo de Sousa e André Salgado de Matos, *Direito Administrativo Geral cit., I,* págs. 187 e seguintes e vol. *III* pág. 137 e em *Direito Administrativo Geral,* Tomo I, 2ª ed., D. Quixote, 2006, págs. 187/190, J.M. Sérvulo Correia, *Noções de Direito Administrativo,* I, ed. Danúbio, 1982, pág. 178 e seguintes e José António Martins Lucas Cardoso, *Do problema dos conceitos jurídicos indeterminados em Direito Administrativ0,* em POLIS – Revista de Estudos Jurídicos, disponível em http://revistas.lis.ulusiada.pt/index.php/polis/article/view/929.

O preenchimento de vazios ou indefinições decorrentes desses conceitos, é suscetível de ser obtido com recurso a soluções várias, havendo que optar por uma delas, mas o que não é possível é o estabelecimento, para esse efeito, de critérios minimamente objetivos, pois, por definição, sempre dependerão do circunstancialismo verificado em cada caso concreto.

O certo é que, na aplicação prática do direito, torna-se absolutamente necessário proceder ao preenchimento do vazio deixado nestes conceitos.

Sem pretender aqui entrar na complexa problemática dos conceitos indeterminados, que são comuns aos vários ramos do Direito[214], salienta-se que se trata de um dos instrumentos jurídicos de integração das chamadas *normas legais em branco,* isto é, como ensina PAULO OTERO, *o fenómeno pelo qual uma norma com valor e força de lei, atendendo à incompletude do conteúdo da sua previsão, remete a respectiva integração, complementação ou determinação para instrumentos jurídicos (normativos ou não normativos) de grau ou nível inferior*[215].

Com efeito, o campo de jurisdicidade é tão vasto, variado e exigente de disciplina jurídica de natureza técnica, que não é possível ao legislador, na elaboração das normas jurídicas, prever e regular como é necessário e ao pormenor tudo o que exige a sua intervenção, o que explica a necessidade de lançar mão de conceitos indeterminados, dando origem a «*normas abertas*»[216]. No que à Administração Pública diz respeito, são, pois, justificados pela necessidade de adoção de um modelo de administração aberta e maleável, com a flexibilidade que lhe possibilite uma constante adequação ao evoluir da vida com a complexidade das transformações técnicas, sempre em crescente evolução. Por isso, no âmbito do Direito Administrativo, o recurso a instrumentos jurídicos como o *conceito indeterminado* constitui *uma irresistível necessidade de um modelo de legalidade próprio de uma Administração Pública constitucionalmente comprometida com um Estado de Direito democrático*[217].

[214] JOSÉ ANTÓNIO MARTINS LUCAS CARDOSO, *Do problema dos conceitos jurídicos indeterminados em Direito Administrativo cit.*, pág. 46.

[215] PAULO OTERO, *Legalidade e Administração Pública – O sentido da Vinculação Administrativa à Juridicidade cit.*, pág. 895.

[216] JOSÉ ANTÓNIO MARTINS LUCAS CARDOSO, *Do problema dos conceitos jurídicos indeterminados em Direito Administrativo cit.*, pág. 48.

[217] PAULO OTERO, *Legalidade e Administração Pública – O sentido da Vinculação Administrativa à Jurisdicidade cit.*, pág. 897.

Constituem, por isso e para isso, um expediente de técnica legislativa de utilização muito frequente[218]. Aliás, neste sentido, é geralmente reconhecido que o conceito de boa-fé é, ele próprio, um conceito indeterminado[219].

O preenchimento do vazio deixado pelos conceitos indeterminados, a levar a cabo pelos órgãos e agentes da Administração Pública que assim procedem à definição em concreto do sentido da lei, implica, portanto, a emissão de um juízo valorativo[220] que envolve *inevitáveis efeitos debilitadores das garantias dos particulares, correspondendo a esse aumento de papel da Administração Pública na concretização do Direito definidor da sua própria actividade um proporcional acréscimo de protagonismo dos tribunais na fixação definitiva do sentido da legalidade administrativa*[221].

Constitui uma questão muito debatida pela doutrina a de estabelecer a relação entre os conceitos indeterminados, sua interpretação e aplicação e a discricionariedade ao dispor da Administração Pública[222]. Parece constituir entendimento dominante o de que a definição do conteúdo efetivo dos conceitos indeterminados não se reconduz a uma atividade discricionária mas vinculada[223], devendo recorrer-se, além do mais, a

[218] Diogo Freitas do Amaral, *Curso de Direito Administrativo cit., II,* pág. 117.

[219] Marcelo Rebelo de Sousa, *Lições de Direito Administrativo I,* ed. Lex, 1999, pág. 111 e António Meneses Cordeiro, *a Boa Fé nos Finais do Século XX, https://portal.oa.pt/upl/%7B68b82e6d-8122-4488-a75e-dc38215d7c9f%7D.pdf* e em *Da Boa Fé no Direito Civil cit.,* págs. 1174, 1176 e seguintes, 1189,

[220] Cfr. Diogo Freitas do Amaral, *Curso de Direito Administrativo cit., – II,* pág. 120 e António Francisco de Sousa, *Conceitos indeterminados no Direito Administrativo,* Almedina, Coimbra, 1994.

[221] Paulo Otero, *Legalidade e Administração Pública – O sentido da Vinculação Administrativa à Juridicidade cit.,* págs. 895/896.

[222] Sobre esta questão e, consequentemente, a de saber se e em que medida as decisões da Administração Pública tomadas no preenchimento dos conceitos indeterminados são ou não sindicáveis pelos tribunais, ver Diogo Freitas do Amaral, *Curso de Direito Administrativo cit., – II,* págs.118 e seguintes.

[223] Marcelo Rebelo de Sousa, *Lições de Direito Administrativo I cit.,* pág. 110. No sentido do controlo jurisdicional total do preenchimento pela Administração dos conceitos indeterminados, António Francisco de Sousa, *Conceitos indeterminados..., ob. cit.*. Diogo Freitas do Amaral (*Curso de Direito Administrativo cit., – II,* pág. 126) tinha o entendimento de que *a interpretação de conceitos jurídicos indeterminados é uma figura afim da discricionariedade,* procedendo entretanto à revisão dessa orientação considerando *a heterogeneidade dos conceitos indeterminados* e, com a clareza que caracterizava a sua lição, distingue: *se a concretização administrativa*

valores de natureza moral, ética ou deontológica[224] e aos princípios gerais de direito, designadamente aos princípios da proporcionalidade e da boa-fé. E, com efeito, nessa operação de preenchimento, encontra-se, com toda a frequência, espaços de indefinição penumbrosos em que, na opção por uma das várias alternativas possíveis, pode ter papel relevante ou mesmo decisivo a intervenção dos valores éticos, da racionalidade e razoabilidade que subjazem ao instituto da boa-fé[225].

3. Referências jurisprudenciais

1. A responsabilidade pré-contratual (culpa in contrahendo), prevista no nº 1 do art. 227º do CC, assenta num conceito indeterminado – o conceito de boa fé – e tem lugar quando, na fase preparatória de um contrato, as partes, ou alguma delas, não observam certos deveres de actuação – deveres de protecção, de informação, de lealdade, e outros – que sobre elas impendem. 2. Em termos gerais, o instituto da culpa in contrahendo significa que a autonomia privada é conferida dentro de certos limites e sob as valorações próprias do Direito, sendo ilegítimos os comportamentos que, desviando-se da procura honesta e correcta de um eventual consenso contratual, venham a causar danos a outrem, bem como os comportamentos pré-contratuais que inculquem, na contraparte, uma ideia distorcida sobre a realidade contratual. 3. Na culpa in contrahendo assumem primordial relevância os deveres de informação e de esclarecimento, respeitantes, antes de mais, ao clausulado contratual pretendido, e, particularmente, quando estamos perante sujeitos com poder contratual desequilibrado, com conhecimentos e experiências negociais e jurídicas desiguais, revestindo tais deveres, neste caso, maior amplitude, intensidade e extensão para a parte que detém a posição negocial mais forte, que lhe permite impor à contraparte, mais inexperiente ou menos esclarecida, cláusulas de que esta, por força dessa sua debili-

de conceitos indeterminados traduz muitas vezes uma actividade de interpretação da lei – inconfundível com o exercício de poderes discricionários – noutras (...) traduz o exercício de uma verdadeira discricionariedade, sendo que, quando assim sucede, o tribunal não pode anular o acto da Administração. Se o fizesse, estaria já a apreciar o mérito do acto, e, por conseguinte, a desempenhar a função administrativa e não já a função jurisdicional (...) a qual seria contrária ao princípio da separação de poderes e, portanto, inconstitucional.

[224] Paulo Otero, *Legalidade e Administração Pública – O sentido da Vinculação Administrativa à Juridicidade cit.*, pág. 899.

[225] Cfr. José António Martins Lucas Cardoso, *Do Problema dos Conceitos Jurídicos Indeterminados em Direito Administrativo cit.*, pág. 14.

dade contratual, não logra colher o verdadeiro significado ou de que, pela mesma razão, nem sequer toma conhecimento.(...)

Acórdão do STJ de 22.01.2009, proc. 08B3301, Santos Bernardino

(...) VI – No preenchimento dos conceitos indeterminados pode existir, ou não, a chamada margem de livre apreciação ou discricionariedade técnica. Tanto a questão de saber se houve "razões económicas válidas" ou se a fusão "se insere numa estratégia de redimensionamento e desenvolvimento empresarial de médio ou longo prazo, com efeitos positivos na estrutura produtiva" é matéria de discricionariedade técnica, com uma longa margem de livre apreciação da Administração. VII – Nestes casos, o juízo discricionário da administração não pode ser fiscalizado, no ponto específico, pelos tribunais, salvo erro grosseiro ou manifesta desadequação ao fim legal, o que não reveste uma dimensão violadora do direito consagrado no nº 4 do artigo 268º da CRP.(...)

Acórdão do STA, de 02.02.2010, pº 0844/09, Miranda Pacheco

(...) deparando-se com "conceitos indeterminados", cabe ao órgão decisor, desde logo, apreender-lhes o sentido e alcance através de operação interpretativa da norma em que se inserem, pois a lei há-de fornecer, em larga medida, um padrão suficientemente claro para a sua interpretação. Operação interpretativa que, sendo vinculada, também cabe ao tribunal sindicar. Os "conceitos jurídicos indeterminados" possuem peculiaridades no âmbito do Direito Administrativo, já que aí o juiz tem a função de fiscalizar se a administração deu a correta interpretação e aplicação a esses conceitos. A interpretação e aplicação de conceitos jurídicos indeterminados pela administração constitui, portanto, uma actividade estritamente vinculada à lei. Admitir qualquer margem de apreciação a favor da Administração «significaria alargar o campo da discricionariedade ao Tatbestand legal e com isso se estaria a aplicar um grave golpe nas garantias do cidadão que o Estado de Direito não admite».

Extrato do relatório do acórdão do STJ, de 27.11.2013, pº 01159/09, 2ª sec., Dulce Neto

VIII. A boa-fé e as variantes na sua violação

1. Considerações gerais

Na área específica da contratação pública, e considerando o âmbito de intervenção do instituto da boa-fé, a influência do direito privado faz-se sentir em alguns institutos que se revestem de particular relevância no regime jurídico dos contratos. A alguns deles já aqui, pontualmente, foi feita referência, como sucedeu com o da conceção da *complexidade intra-obrigacional.* Entre outros, refere-se também os da modificação do contrato por alteração das circunstâncias (artigos 312º, 314º, 332º e 335º do CCP), da reposição do equilíbrio económico do contrato (97º, 282º, 314º, 354º, 383º do CCP), da possibilidade de os concorrentes e candidatos, no período de apresentação das propostas e candidaturas, poderem retirar as que tenham apresentado e até substitui-las por outras (artigos 137º e 176º do CCP).

Reafirmando o que de algum modo já aqui foi salientado, em geral pode dizer-se que se trata de institutos que se incluíam no âmbito da boa-fé, ao menos como seus *deveres acessórios,* mas que entretanto foram obtendo autonomia[226]. Transitaram do direito privado tendo por causa e objetivo, além do mais, o de mitigar desequilíbrios decorrentes da subjugação do cocontratante ao exercício no contrato de poderes de autoridade por parte da entidade adjudicante e do contraente público,

[226] Cfr. António Menezes Cordeiro, *A Boa-Fé nos Finais do século XX,* págs. 896 e 900.

funcionando, portanto, como instrumentos de travão de excessos da parte mais forte e de proteção à parte mais débil[227]. Designadamente, visam evitar situações de arbitrariedade com particular incidência na área dos procedimentos em que dominam poderes discricionários da Administração Pública.

Em todo o caso, não pode perder-se de vista a existência de deveres decorrentes do princípio da boa-fé que são de aplicação recíproca.

Entre esses institutos vai ser dado algum destaque aos seguintes: *culpa in contrahendo*, *culpa post factum finitum* e *abuso de direito*[228].

2. A *Culpa in contrahendo*

2.1. Caracterização

Impõe-se recordar a este propósito a afirmação já várias vezes feita de que, no que aos contratos públicos diz respeito, o princípio da boa-fé intervém em todas as suas fases, isto é, nas negociações que precedem e preparam a celebração do contrato, nesta celebração, durante a sua execução e mesmo após a sua extinção.

Com efeito, essa influência começa a sentir-se logo nas diligências preliminares que sempre precedem e preparam a celebração de um contrato, mais concretamente durante o período da sua formação, incluindo a fase da redação do respetivo clausulado, dando lugar, em caso de violação das regras da boa-fé, à responsabilidade pré-contratual por *culpa in contrahendo.*

Porém, deve salientar-se o que conceito de *culpa in contrahendo,* em si mesmo, não constitui um limite à autonomia das partes na formação dos contratos, isto é, não afeta o conteúdo objetivo da autonomia, antes, em última análise, constitui uma garantia da sua existência e da sua manutenção. Com efeito, consiste numa regra do seu exercício, pois traduz

[227] Cfr. António Menezes Cordeiro, *A Boa-Fé nos Finais do século XX,* cit., pág. 896.

[228] A inclusão do instituto do abuso de direito no âmbito da boa-fé não tem sido aceite com unanimidade, havendo quem o considere com autonomia, embora reconhecendo grande proximidade entre ambos. Cfr. Jesus Gonzalez Perez, *El principio general de la buena fe en el derecho administrativo, cit.,* pág. 21.

a imposição de que nas negociações inerentes a essa formação se respeitem valores comportamentais tidos por fundamentais pelo ordenamento jurídico para que essa autonomia efetivamente exista de modo real, livre e autêntico.

Para isso, nos procedimentos adjudicatórios de contratos públicos, quer a entidade adjudicante quer os candidatos e concorrentes devem, nas respetivas intervenções e, designadamente, nas suas declarações negociais, respeitar os valores de segurança, informação, retidão e lealdade, adotando comportamentos de seriedade, lisura, honestidade, verdade, informação, clareza e firmeza, honrando a confiança criada na contraparte relativamente a esses aspetos das suas declarações[229].

O Código Civil é particularmente incisivo tanto no que diz respeito à fase da formação dos contratos (no nº 1 do seu artigo 227º[230]: *Quem negoceia com outrem para conclusão de um contrato deve, tanto nos preliminares como na formação dele, proceder segundo as regras da boa fé, sob pena de responder pelos danos que culposamente causar à outra parte*), como relativamente à fase da sua execução (no nº 2 do artigo 762º: *No cumprimento da obrigação, assim como no exercício do direito correspondente, devem as partes proceder de boa fé*).

O primeiro daqueles preceitos reflete a evolução da construção doutrinal do instituto da responsabilidade por *culpa in contrahendo,* quanto ao âmbito da sua abrangência, desenvolvida desde o seu aparecimento em resultado dos estudos de RUDOLF VON JHERING em 1861[231]: *dever de proteção* que cabe às partes, *dever de esclarecimento* durante as negociações pré-contratuais e *dever de lealdade* das partes contratantes entre si.

Trata-se de deveres já aqui analisados, sobre os quais, por isso, agora apenas se faz ligeira referência.

O *dever de proteção* implica que as partes se abstenham de, durante as diligências negociais preliminares, por ação ou omissão, infligir, uma à outra, direta ou indiretamente, danos.

O dever de esclarecimento durante as negociações obriga as partes à prestação de esclarecimentos necessários à *conclusão honesta do contrato,* dever que igualmente pode ser violado por ação ou por omissão[232].

229 Cfr. ANTÓNIO MENEZES CORDEIRO, *A Boa-Fé nos Finais do século XX cit.*, pág. 896.

230 Cfr. MÁRIO JÚLIO DE ALMEIDA E COSTA, *Direito das Obrigações, cit.*, págs. 241 e seguintes.

231 Cfr. ANTÓNIO MENEZES CORDEIRO, em *Da Boa Fé no Direito Civil cit.*, pág. 528.

232 Cfr. ANTÓNIO MENEZES CORDEIRO, em *Da Boa Fé no Direito Civil cit.*, pág. 583.

O dever de lealdade das partes contratantes entre si obriga-as a não adotarem comportamentos que possam afetar a correção e honestidade das negociações. É um dever que se desdobra em outros deveres, entre os quais se inclui o *dever de sigilo* relativamente a factos ou documentos de que se teve conhecimento durante as negociações ou por causa delas e cuja divulgação possa prejudicar o interesse contratual da contraparte, o *dever de cuidado* em não praticar, com dolo ou negligência, atos que ponham em causa a validade do contrato a celebrar, e o *dever da ação consequente* que impede as partes de interromperem as negociações sem motivo justificado, salvo prévia declaração da sua precariedade[233].

O CCP, sem prejuízo da aplicação subsidiária daquela norma do Código Civil (artigo 280º, nº 4), estabelece, como já antes aqui foi dito, preceitos vários de proteção da boa-fé na fase da formação dos contratos: artigo 83º-A, nº 3 (compromisso de honra), artigo 87º (falsidade de documentos ou declarações), artigo 99º, nº 2, b) (proibição de ajustamentos ao conteúdo do contrato a celebrar que incluam soluções contidas em proposta apresentada por outro concorrente), artigo 105º (não outorga do contrato), artigos 146º, nº 2, b) e 184º, nº 2 (exclusão de proposta ou candidatura apresentadas por agrupamento com membro que também é concorrente isoladamente ou integrado em outro agrupamento concorrente), 189º, nº 2, h) (inclusão nos documentos de candidatura dos elementos suscetíveis de fazer o júri aperceber-se do preço da proposta), artigo 456º, d) (qualifica de contraordenação muito grave apresentação de documentos falsos de habilitação, de documentos que constituem a proposta e de documentos destinados à qualificação), os Anexos I e V (modelos de declaração).

Neste âmbito, tem particular relevância o artigo 50º do CCP que faculta aos interessados nos procedimentos adjudicatórios de contratos públicos, a possibilidade de, no primeiro terço do prazo fixado para a apresentação das propostas, solicitarem à entidade adjudicante *os esclarecimentos necessários à boa compreensão e interpretação das peças do procedimento*, que aquela deverá prestar. Essa faculdade e o respetivo dever de prestação constituem inequivocamente uma decorrência do princípio da boa-fé. De resto, neste como em muitos outros casos, o princípio funciona em proveito de todas as partes: em benefício dos potenciais

233 Cfr. António Menezes Cordeiro, em *Da Boa Fé no Direito Civil cit.*, pág. 583.

participantes no procedimento adjudicatório, para que possam elaborar as suas participações com base em elementos certos, claros e firmes; em benefício da entidade adjudicante, isto é, do interesse público subjacente ao contrato a celebrar, a quem só interessa uma concorrência o mais ampla e correta possível mas com propostas sustentadas em elementos claros e inequívocos, para que os seus termos também o sejam, única forma de corresponder aos objetivos que determinaram e fundamentaram a decisão de contratar[234].

Concluindo, de novo com as palavras de António Menezes Cordeiro[235], a *culpa in contrahendo funciona, assim, quando a violação dos deveres de protecção, de informação e de lealdade conduza à frustração da confiança criada na contraparte pela actividade anterior do violador, ou quando essa mesma violação retire às negociações o seu sentido substancial profundo de busca de um consenso na formação de um contrato válido, apto a prosseguir o escopo que, em termos de normalidade, as partes lhe atribuam.*

2.2. A responsabilidade

Nos termos gerais, a responsabilidade decorrente de *culpa in contrahendo*, como responsabilidade civil, exige a verificação cumulativa dos seguintes pressupostos:

- a ocorrência de um facto de conteúdo positivo ou negativo;
- esse facto tenha sido voluntariamente praticado;
- seja um facto ilícito;
- a ocorrência de um dano sofrido pela outra parte;
- nexo causal entre aquele facto e este dano.

2.3. Referências jurisprudenciais

1. A "responsabilidade pré-contratual" (culpa in contrahendo), prevista no nº 1 do art. 227º do CC, assenta num conceito indeterminado – o conceito de"boa fé" – e tem lugar quando, na fase preparatória de um contrato, as partes, ou alguma delas, não

[234] Cfr. nosso *Código dos Contratos Públicos – Anotado e Comentado,* 9ª ed., 2021, Almedina, pág. 239.

[235] *Da Boa Fé no Direito Civil cit.*, págs. 583/584.

observam certos deveres de actuação – deveres de protecção, de informação, de lealdade, e outros – que sobre elas impendem. 2. Em termos gerais, o instituto da "culpa in contrahendo" significa que a autonomia privada é conferida dentro de certos limites e sob as valorações próprias do Direito, sendo ilegítimos os comportamentos que, desviando-se da procura honesta e correcta de um eventual consenso contratual, venham a causar danos a outrem, bem como os comportamentos pré-contratuais que inculquem, na contraparte, uma ideia distorcida sobre a realidade contratual. 3. Na "culpa in contrahendo" assumem primordial relevância os deveres de informação e de esclarecimento, respeitantes, antes de mais, ao clausulado contratual pretendido, e, particularmente, quando estamos perante sujeitos com poder contratual desequilibrado, com conhecimentos e experiências negociais e jurídicas desiguais, revestindo tais deveres, neste caso, maior amplitude, intensidade e extensão para a parte que detém a posição negocial mais forte, que lhe permite impor à contraparte, mais inexperiente ou menos esclarecida, cláusulas de que esta, por força dessa sua debilidade contratual, não logra colher o verdadeiro significado ou de que, pela mesma razão, nem sequer toma conhecimento. 4. A responsabilidade "in contrahendo" exige a verificação cumulativa dos requisitos da responsabilidade civil, pelo que não estando provado, no caso dos autos, que o banco haja posto em causa deveres de conduta, de base legal, na fase negociatória com os autores – designadamente os de informação ou esclarecimento, de protecção ou de cuidado – ou que a sua conduta tenha constituído violação objectiva da boa fé (maxime, por desconformidade entre o pretendido pelos autores no que toca aos seguros ligados aos empréstimos, as informações dos funcionários do banco e os seguros efectivamente contratados), fica arredada a responsabilidade "in contrahendo" daquele, faltando logo o primeiro de tais requisitos.

Acórdão do STJ, de 22.01.2009, pº 08b3301, Santos Bernardino

I – Incorre em responsabilidade pré-contratual por culpa "in contrahendo" quem, depois de negociações com vista à celebração de determinado contrato e durante as quais foram acordadas todas as cláusulas relevantes faltando apenas a formalização, recusa outorgar o contrato. II – A responsabilidade decorre do facto de uma das partes ter gerado na outra a confiança e a expectativa legítima de que o contrato seria concluído e não da ruptura das negociações, da não conclusão ou da recusa de celebração do contrato; III – Logo, o facto que obriga à reparação é a confiança violada por inobservância das regras da boa-fé e não a ruptura das negociações, a não conclusão ou a recusa de celebração do contrato por inexistência de obrigação legal ou contratual de prosseguir negociações, de concluir ou de celebrar o contrato.(...)

Acórdão do STJ, de 31-03-2011, 2ª Sec., Pº 3682/05.3TVSLB.L1.S1 Fernando Bento

I – Como resulta do artº 227º do C. Civil, "quem negoceia com outrem para conclusão de um contrato deve, tanto nos preliminares como na formação dele, proceder segundo as regras da boa fé, sob pena de responder pelos danos que culposamente causar à outra parte". II – No Ac. Rel. de Évora de de 22/06/2004, in Col Jur. Ano XXIX, tomo III, pg. 255, diz-se (escreve-se) que: "Para que, com base no disposto no artº 227º, nº 1 do CC, surja a obrigação de indemnizar, é necessário, para além da produção de danos e da existência dos demais pressupostos da responsabilidade civil, que tenham ocorrido efectivamente negociações conduzidas de tal forma que tenham criado uma confiança razoável na conclusão de um contrato válido e a consequente obtenção dos efeitos do mesmo decorrentes, perante a seriedade de propósitos evidenciada, bem como a ruptura das referidas negociações, de forma arbitrária ou ilegítima, porquanto sem motivo justificativo". III – A responsabilidade "por culpa in contrahendo" decorre do facto de uma das partes ter gerado na outra a confiança e a expectativa legítima de que o contrato seria concluído e não da ruptura das negociações, da não conclusão do contrato ou da recusa da sua celebração, as quais são manifestações da liberdade contratual negativa. IV – Se houver danos resultantes de "culpa in contrahendo", em princípio, a indemnização refere-se ao interesse negativo, ou seja, a reparação reporta-se aos danos resultantes de ter existido confiança na validade do contrato, danos estes que são os que não teria sofrido se não tivesse confiado na realização do contrato; mas se a dita culpa estiver na violação de um dever de conclusão de um contrato, é de indemnizar o interesse positivo, ou seja o interesse do cumprimento.

Acórdão do Tribunal da Relação de Coimbra, de 17.05.2015, pº 512/13.6TB CBR.C1, Jaime Carlos Ferreira

I – A boa-fé consiste, em geral, no comportamento honesto e consciencioso, na lealdade de se conduzir e tem, no caso do art. 227º do CC, um sentido vincadamente ético, ao contrário do que sucede em muitos outros casos em que o seu significado (ético) se esgota numa situação psicológica muito simples e fácil de definir. II – O nº 1 do artigo 227º do CC refere-se, sucessivamente, à observância das regras da boa-fé, tanto nos preliminares (fase negociatória) como na formação (fase decisória) do contrato. III – A ruptura das negociações não implica necessariamente a violação das regras da boa-fé; por isso não se pode concluir que só pelo facto de ter havido ruptura houve má-fé de quem rompeu eventuais negociações. A simples entrada em negociações não pode ser tida como idónea para criar na outra parte uma convicção séria e fundada de conclusão do contrato. Haverá uma simples esperança de que tal suceda. IV – Só existe responsabilidade pré-contratual quando no decurso das negociações preliminares uma das partes assumiu um comportamento que razoavelmente criou na outra parte a convicção de que o contrato se formaria, assim a predispondo a acções ou omissões que não teria adoptado se não tivesse aquela conclusão como certa. V – Tal confiança na conclusão do contrato deve ser alicerçada em dados concretos e inequívocos, analisados mediante critérios de consciência e senso comum ou prática corrente. VI – Os danos ressarcíveis por "culpa in contrahendo" demonstram que a responsabilidade pré-contratual por ruptura das negociações preparatórias actua nos limites do interesse negativo (dano de confiança), em vez de conexionar-se com o interesse positivo (dano de cumprimento). VII – O regime que melhor se adapta à responsabilidade pré contratual pela ruptura das negociações preparatórias de um contrato, havendo vários responsáveis pela ruptura ilegítima, é o da responsabilidade solidária previsto no art. 497º do CC.

Acórdão do STJ, de 06-12-2018, pº 3407/15.58BRG.G1.S2, 7ª Sec., Ilídio Sacarrão Martins

I – Através da responsabilidade pré-contratual tutela-se diretamente a confiança fundada de cada uma das partes em que a outra conduza as negociações segundo a boa fé, e, por conseguinte, as expectativas legítimas que a mesma lhe crie, não só quanto à validade e eficácia do negócio, mas também quanto à sua futura celebração. II – O instituto da responsabilidade pré-contratual é convocado quando as partes não adotaram um padrão de lisura, honestidade negocial, consideração dos interesses da contraparte observando deveres de conduta compagináveis com natureza do negócio em formação, mas também quando tendo aproximado pela via dessa negociação a conclusão do negócio, por facto seu, este já em fase adiantada não é concluído. III – Na interpretação da vontade declarada haverá de atender-se ao sentido que um declaratário normal, colocado na posição do real declaratário, possa deduzir do comportamento do declarante (cfr. artigo 236º nº 1 do Código Civil). IV – O prazo de prescrição do direito indemnizatório fundado em responsabilidade civil pré-contratual (culpa in contrahendo) é o prazo de 3 anos previsto no artigo 498º do Código Civil, por efeito da remissão operada pelo nº 2 do artigo 227º do Código Civil.

Acórdão do TCAN, de 18-10-2019, 1ª sec., pº 0609/07.1BEPNF, Helena Canelas

I – O instituto da responsabilidade pré-contratual é aplicável a situações verificadas nos preliminares e na formação do contrato, independentemente, quer da sua efetiva conclusão, quer da sua validade e eficácia. II – A celebração do contrato ou a sua anulação (ou resolução), ou também a sua ineficácia não obstam à aplicação do art. 227º do CC, a qual tem lugar, tanto no caso de se interromperem as negociações, como na hipótese de o contrato chegar mesmo a consumar-se. III – Na responsabilidade civil pré-contratual, a culpa (in contrahendo) presume-se, como na responsabilidade contratual (art. 799º, nº 1, do CC).

Acórdão do TCAN, de 28.02.2020, 1ª sec., pº 00908/15.9BECBR, FREDERICO MACEDO BRANCO

3. *Culpa post pactum finitum*

3.1. Caracterização

Na sequência da afirmação feita de que, no tocante à atividade contratual, o princípio da boa-fé tem aplicação antes da celebração do contrato, na fase dessa celebração e para além do período de vigência do contrato, após ter sido considerada a responsabilidade pré-contratual e inerente ao ato da celebração que pode decorrer da violação desse princípio, cabe agora referir a última dessas situações potencialmente geradoras de responsabilidade: ocorrência, já após e extinção do contrato.

Óbvio é que se o contrato se encontra extinto, a responsabilidade agora em equação não pode decorrer do incumprimento do seu conteúdo obrigacional. Isto é, não se trata de responsabilidade decorrente da violação de um *dever principal* ou sequer de um *dever secundário*[236], por nada ter a ver com o objeto do contrato. Decorre de uma circunstância lesiva de um *dever acessório* para cuja designação, também neste caso, a doutrina lança mão de uma expressão romanística – *culpa post factum finitum*, também designada por *eficácia posterior das obrigações*[237]. Trata-se, pois, de responsabilidade pós-contratual: impõe o princípio da boa-fé que, apesar de um contrato ter terminado a sua vigência, as partes se abstenham de qualquer comportamento que retire ou dificulte significativa e injustificadamente que a outra possa usufruir das vantagens que visou obter com a celebração desse contrato.

Relativamente à celebração do contrato e respetiva vigência, pode dizer-se que os institutos da *culpa in contrahendo* e a *culpa post factum finitum*, têm uma situação simétrica. Porém, na sua génese apresentam diferenças notórias. Com efeito, na situação de *culpa in contrahendo,* o

[236] Cfr. MÁRIO JÚLIO DE ALMEIDA E COSTA, *Direito das Obrigações, cit.*, pág. 56.
[237] Cfr. MÁRIO JÚLIO DE ALMEIDA E COSTA, *Direito das Obrigações, cit.*, pág. 296.

que dá origem à responsabilidade pré-contratual é o princípio da boa-fé na sua formulação base, sem ser pertinente a invocação de um dever acessório do contrato, pois este ainda não foi celebrado e, naturalmente, não produz efeitos antecipados. Diferentemente, a *culpa post factum finitum* está relacionada com a violação de deveres acessórios relativamente ao contrato; a responsabilidade não decorre de uma violação do seu objeto mas do facto da sua celebração.

Portanto, continuando a caracterizar este último instituto, observa-se que, extinto o contrato por qualquer das formas legais por que isso pode suceder, no que respeita às prestações integrantes do respetivo objeto, aquele deixa ainda um rasto com relevância jurídica que vai para além desse seu fenecimento, designadamente porque, por causa da sua celebração, as partes mantêm alguns deveres recíprocos. Trata-se, efetivamente, de deveres que são exteriores ao conteúdo prestacional do objeto do contrato e que, portanto, não estão condicionados às vicissitudes por que esse objeto passa. Ensinou a propósito MÁRIO JÚLIO DE ALMEIDA E COSTA: *Assumem evidente predominância na vida dos contratos as prestações principais. Elas definem mesmo o tipo contratual. Mas a completa satisfação dos interesses das partes pode determinar que esses deveres principais de prestação sejam acompanhados por deveres secundários e por deveres laterais. Todos estruturam, como sabemos, a relação obrigacional complexa*[238].

De um modo geral esses deveres podem qualificar-se de proteção, de informação e de lealdade, nos termos já aqui referidos, mas reportados e adaptados à situação de pós-contrato: não dar causa à ocorrência de danos pessoas ou patrimoniais, dar informações quanto às especificidades inerentes ao objeto do contrato celebrado e abster-se de comportamentos que possam frustrar o objetivo prosseguido pela celebração do contrato[239].

3.2. Referências jurisprudenciais

I – Ao lado dos deveres principais e dos deveres secundários surgem os deveres de conduta que não respeitando à prestação principal, revestem, contudo, um papel essencial no

[238] Em *Direito das Obrigações, cit.*, a págs. 296/297.

[239] Cfr. ANTÓNIO MENEZES CORDEIRO, *Da Boa Fé no Direito Civil cit.*, págs. 628/662.

desenrolar da relação obrigacional quanto aos termos em que a mesma deve processar-se entre contraentes que agem honestamente e de boa fé nas suas relações. II – No contrato de prestação de serviços e no contrato de mandato (que é uma modalidade do contrato de prestação de serviços) – natureza que o mesmo assumia quando as RR. praticaram actos jurídicos por conta e em nome da A. – a relação de confiança assume um relevo importante, tratando-se de um contrato típico de cooperação entre pessoas, tal como no contrato de trabalho. III – A confiança exige a protecção, no período subsequente ao da extinção do contrato, das expectativas provocadas na celebração e no seu cumprimento, pelo comportamento dos intervenientes, colocando-se a questão da pós-eficácia dos deveres acessórios de conduta . IV – No âmbito da eficácia pós contrato a protecção tem que ter limites diferentes e menores dos que até então existiam. Finda a relação contratual, as partes recuperam a liberdade que se encontrava limitada pelo contrato a que estavam vinculadas e pelos deveres acessórios de conduta dele decorrentes. V – Cessado um contrato de trabalho ou de prestação de um determinado serviço, a pós-eficácia do dever de lealdade não impede que o trabalhador/prestador de serviços possa ir trabalhar para uma empresa que exerça a mesma actividade, ou de se estabelecer na mesma área de actividade, sob pena de limitação indevida de direitos individuais como o direito ao trabalho, com a liberdade de escolha e de exercício de profissão e de género de trabalho, e à livre iniciativa privada, direitos com consagração constitucional.

Acórdão do Tribunal da Relação de Guimarães, de 30.05.2013, pº 4/05, Helena Melo.

(...) *IV – Estando em causa uma pretensão indemnizatória fundada no art. 227º do CC, é indispensável que o lesado demonstre que a ré/vendedora de determinadas fracções em edifício em propriedade horizontal actuou culposamente na fase das negociações preliminares – criando, nomeadamente, uma falsa aparência quanto às qualidades futuras do empreendimento, levando os compradores a contratar nas precisas condições acordadas em prejuízo manifesto do seu interesse – não se verificando tais pressupostos da responsabilidade civil pré-contratual se apenas tiver ficado provado que as previsões então realizadas se não concretizaram ulteriormente V – Não pode criar-se para a entidade vendedora de determinadas fracções de edifício sujeito ao regime da propriedade horizontal, no plano estritamente contratual e por via do princípio da boa fé, um dever lateral de, ao longo dos anos, providenciar (nessa veste de vendedora) pela adequada conservação do prédio, respondendo perante os condóminos/compradores pelos danos decorrentes de deficiências do imóvel, causadas pela negligente omissão de actos conservatórios: na verdade, consumada ou exaurida a venda, o tema da conservação futura do imóvel e das omissões culposas que nesta sede possam ocorrer já não se situa no perímetro contratual (ainda que no plano da pós eficácia das obrigações emergentes de contrato de compra e venda, há muito exaurido e findo), mas antes no âmbito institucional da propriedade horizontal e das competências e actuações dos órgãos que juridicamente a integram. (...)*

Acórdão do STJ, de 28.05.2015, 7ª sec., pº 1340/08.6TBFIG.CI.Si, LOPES DO REGO

I – O instituto da pós-eficácia das obrigações ou "culpa post pactum finitum" corresponde a um dever lateral de conduta de lealdade, no sentido de que a boa-fé exige, segundo as circunstâncias, que os contratantes, depois do fim da relação contratual, omitam toda conduta mediante a qual a outra parte se veria despojada ou essencialmente reduzida das vantagens oferecidas pelo contrato. II – Se, depois da extinção das obrigações, mas mercê das circunstâncias por ela criadas, surgirem ou se mantiverem condições que, na sua vigência, podem motivar a constituição de deveres acessórios, eles mantêm-se. III – Mesmo no caso de um contrato cuja natureza é tendencialmente adversa à identificação de uma pós-eficácia obrigacional, por do seu cumprimento decorrer uma definitiva cessação da relação contratual, por o seu fim ser plenamente alcançado por esse cumprimento, podem vir a identificar-se em concreto deveres acessórios que continuem a vincular as partes do contrato extinto e cuja violação determine um ilícito ainda contratual.

Acórdão do Tribunal da Relação do Porto, de 08.07.2015, pº 487/11.6TB MTS.p1, RUI MOREIRA

4. Abuso de direito

4.1. Caraterização

4.1.1 Conceito

Segundo o artigo 334º do CC, o *abuso de direito* consiste no exercício de um direito manifestamente para além dos limites impostos pelas regras da boa-fé, dos bons costumes ou do fim social e económico que justificaram a sua atribuição. Portanto, o titular de um direito usa-o de modo anormal, com *manifesto excesso* dos limites que deve observar[240], isto é, fora do seu objetivo natural e da razão da sua existência, com ofensa da

[240] J. M. ANTUNES VARELA, *Das Obrigações em Geral, cit., I*, pág. 437.

consciência jurídica dominante. De um modo geral, ocorre quando o titular de um direito o exerce com o fim, a consciência ou mesmo sem uma e outra coisa, de, assim, prejudicar a criação ou o exercício de um direito alheio ou de vexar ou incomodar outrem por mera malevolência, com ofensa do sentimento jurídico dominante, provocando, consequentemente, uma grave desarmonia com a função social e económica do direito. Adiante se verá se e em que medida devem intervir estes fatores.

Enfim, sintetizando e citando MARCELO REBELO DE SOUSA, o *abuso do direito ou exercício inadmissível de posições jurídicas ou situações jurídicas ativas traduz-se no respetivo desempenho contra os valores fundamentais do ordenamento jurídico*[241].

Refira-se que, tal como sucedia com o direito romano e com o Código de Napoleão em que se inspirou[242], o Código Civil de 1867, vulgarmente designado por Código de Seabra, não reconhecia o instituto do abuso de direito, antes dispondo no seu artigo 13º que *quem, em conformidade com a lei, exerce o próprio direito, não responde pelos prejuízos que possam resultar desse mesmo exercício.* Com efeito, confirmando a sua inspiração no direito romano, dava corpo ao aforismo "*qui suo iure utitur neminem facit iniuriam*" ou "*neminem laedit*".

Entende-se, por isso, o trajeto difícil que teve de ser percorrido até à consagração legal desse instituto. O que veio a suceder, como acima foi dito, com o referido artigo o 334º do CC de 1966, que estabelece: *É ilegítimo o exercício de um direito, quando o titular exceda manifestamente os limites impostos pela boa fé, pelos bons costumes ou pelo fim social ou económico desse direito.*

É uma noção que dá particular saliência, entre outros, aos valores decorrentes do princípio da boa-fé na sua vertente objetiva, pois se limita a regular comportamentos, sem qualquer referência a fatores de natureza subjetiva[243]. Desse facto decorre que, para que ocorra o abuso do direito, não é exigida a intenção ou mesmo a consciência de excesso no seu exercício, bastando que, no caso concreto, exceda os limites impostos pela boa-fé, pelos bons costumes ou pelo fim social ou económico. Portanto, o abuso do direito ocorre independentemente de culpa, como

[241] *O Concurso Público na Formação do Contrato Administrativo, cit.*, pág. 21.

[242] Cfr. ANTÓNIO MENEZES CORDEIRO, *Da Boa Fé no Direito Civil cit.*, pág. 677.

[243] Cfr. ANTÓNIO MENEZES CORDEIRO, *Da Boa Fé no Direito Civil cit.*, pág. 662.

a doutrina e a jurisprudência com frequência afirmam[244]. Sem embargo, não está de todo arredada a consideração de fatores de ordem subjetiva e da intenção com que o titular tenha agido, o que pode ter interesse para a determinação dos limites impostos pela boa-fé[245].

Na base do instituto jurídico do abuso de direito, está ainda a consideração de que as relações jurídicas devem desenvolver-se em patamares de confiança e segurança, obstando a que, para ladear ou ultrapassar instrumentos jurídicos que poderão afetar negativamente interesses prosseguidos, se recorra a atuações ambíguas, sinuosas, incoerentes ou contraditórias.

Portanto, verifica-se o *abuso de direito* sempre que, num caso concreto, o titular de um direito ou de uma situação jurídica creditória os exerce com desvio relativamente ao objetivo normal para cuja prossecução é atribuído ou foi criada, tendo por resultado impedir o exercício de um direito por outrem ou provocar uma desproporção de efeitos a seu favor, do que resulta a ofensa do sentimento de justiça dominante na sociedade. Enfim, citando agora a jurisprudência, ocorre abuso de direito quando, *embora legítimo detentor de um determinado direito, formal e substancialmente válido,* (o seu titular) *o exercita circunstancialmente fora do seu objectivo ou da finalidade que justifica a sua existência, em termos que ofendam, de modo gritante, o sentimento jurídico, seja criando uma desproporção objectiva entre a utilidade do exercício do direito e as consequências a suportar por aquele contra quem é invocado, seja prejudicando ou comprometendo o gozo do direito de outrem*[246].

Do exposto se conclui que o abuso de direito não está relacionado com a violação de um direito alheio, mas com o exercício anormal do direito próprio, com um *comportamento antijurídico capaz de determinar a obrigação de indemnizar, se não houver uma causa especial de exclusão da ilicitude*[247].

Importa, porém, precisar que, como resulta da noção antes dada, não obstante a designação deste instituto, o seu âmbito não se limita aos

[244] Por exemplo António Menezes Cordeiro, *Do abuso do Direito: estado das questões e perspetivas, cit.*, 20 e acórdãos a seguir referenciados.

[245] Cfr. J. M. Antunes Varela, *Das obrigações em Geral, I, cit.*, pág. 438.

[246] Acórdão do STJ de 11.12.2013, pº 629/10.9 TTBRG.P2.S1, 4ª sec., Fernandes da Silva, disponível em *http://www.dgsi.pt*).

[247] Antunes Varela, *Das Obrigações em Geral*, I, cit., pág. 436.

direitos subjetivos, abrangendo todo o *exercício disfuncional de posições jurídicas*, podendo assim aplicar-se ao exercício das mais variadas situações resultantes das relações jurídicas, inclusivamente situações passivas[248].

Relativamente às consequências do abuso de direito, embora o artigo 334º se limite a reportá-lo à *ilegitimidade*[249], variam segundo as circunstâncias de cada caso, como é refletido pela jurisprudência. Do exercício abusivo de um direito pode resultar a supressão do direito (*suppressio*), limitar-se à cessação do concreto exercício abusivo sem afetar a existência do direito, à restituição do que houver sido prestado em espécie ou no seu valor em dinheiro ou, ocorrendo os pressupostos da responsabilidade civil, na indemnização por perdas e danos[250].

4.1.2 Desdobramento

Pela doutrina e jurisprudência, designadamente por influência da doutrina e jurisprudência germânicas[251], o instituto do abuso do direito é dividido em vários subinstitutos, correspondentes a comportamentos típicos abusivos do exercício de direitos próprios, para designação dos quais se tem tradicionalmente utilizado expressões em latim, apesar de, como ficou referido, o abuso de direito não ter tido consagração no direito romano[252]: *exceptio doli, venire contra factum proprium,* inalegabilidade formal, *suppressio, surrectio, tu quoque* e desequilíbrio no exercício, todos no âmbito do princípio da boa-fé.

[248] António Menezes Cordeiro, *Do abuso do Direito: estado das questões e perspetivas* disponível em *https://portal.oa.pt/publicacoes/revista/ano-2005/ano-65-vol-ii-set-2005/artigos-doutrinais/antonio-menezes-cordeiro-do-abuso-do-direito-estado-das-questoes-e-perspectivas-star/,* pontos 2. e *20.*.

[249] O que não traduz todo o rigor pois o termo *ilegitimidade* tem em direito um sentido muito específico de uma qualidade do sujeito jurídico. O legislador, manifestamente, quis exprimir "ilicitude", no sentido de que "não é permitido". Cfr. António Menezes Cordeiro, *Do abuso do Direito: estado das questões e perspetivas, cit.*, 2.

[250] Cfr. António Menezes Cordeiro, *Do abuso do Direito: estado das questões e perspetivas, cit.*, 20.

[251] Cfr. António Menezes Cordeiro, *Do abuso do Direito: estado das questões e perspetivas, cit. 3.*

[252] Cfr. António Menezes Cordeiro, *Da Boa Fé no Direito Civil cit.*, pág. 676.

Trata-se de *uma constelação de situações típicas em que o Direito, por exigência do sistema, entende deter uma actuação que, em princípio, se apresentaria como legítima*[253].

4.1.3 Referências jurisprudenciais

(...) III. Existirá abuso de direito quando alguém, detentor embora de um determinado direito, válido em princípio, o exercita, todavia, no caso concreto, fora do seu objectivo natural e da razão justificativa da sua existência e em termos apodicticamente ofensivos da justiça e do sentimento jurídico dominante, designadamente com intenção de prejudicar ou de comprometer o gozo do direito de outrem ou de criar uma desproporção objectiva entre a utilidade do exercício do direito por parte do seu titular e as consequências a suportar por aquele contra o qual é invocado. IV. O abuso do direito, nas suas múltiplas manifestações, é um instituto puramente objectivo, por não estar dependente de culpa do agente, nem sequer de qualquer específico elemento subjectivo, ainda que a presença ou a ausência de tais elementos possam contribuir para a definição das consequências do abuso. V. As consequências do abuso de direito podem ser de natureza variada, podendo consistir na supressão do direito ou na cessação do concreto exercício abusivo, mantendo-se, todavia, o direito. Como podem consistir num dever de restituir, em espécie ou em equivalente pecuniário ou num dever de indemnizar, quando se verifiquem os pressupostos de responsabilidade civil, com relevo para a culpa.

Acórdão do Tribunal da Relação de Lisboa, de 24.04.2008, pº 2889/2008, Pereira Rodrigues

4.2. *Exceptio doli*

4.2.1 Caracterização

Como resulta da sua designação, a *exceptio doli* é uma *excepção*, isto é, um expediente jurídico de defesa que se traduz na alegação de factos de natureza considerada dolosa que obstam ao exercício de um direito invocado pela contraparte. Concretamente, a *exceptio doli* traduz-se no

[253] António Menezes Cordeiro, *Do abuso do Direito: estado das questões e perspetivas, cit.*, 9.1.

poder que uma pessoa tem de repelir a pretensão do autor por este ter incorrido em dolo[254]. Consiste, pois, num instrumento jurídico através do qual a parte obrigada a efetuar uma prestação se pretende dela desobrigar impedindo o início ou o desenvolvimento de um comportamento da outra parte eivado de dolo, revelado, portanto, durante a tramitação do procedimento de formação da respetiva situação jurídica ou no momento em que a outra parte invoca uma pretensão dela decorrente.

Informa António Menezes Cordeiro[255] que a *exceptio doli* encontra raízes no Direito Romano onde assumia duas espécies: a *exceptio doli especialis,* se o invocado dolo ocorreu num momento da formação da situação jurídica, e a *exceptio doli generalis,* que se reportava a dolo invocado na discussão da causa. A primeira equivalia à impugnação da validade e não teve especiais desenvolvimentos posteriores, tendo mesmo perdido a sua autonomia por ter sido absorvida pela teoria dos vícios de formação e exteriorização da vontade e pela *culpa in contrahendo.* A *exceptio doli generalis* abarcava uma grande extensão de casos, intervindo como meio na disponibilidade do pretor para afastar ou remediar situações iníquas decorrentes de pretensões com cobertura legal. Se bem que tivesse sido reintroduzida pela doutrina alemã nos finais do século XIX, não vingou como figura autónoma de impedimento do exercício inadmissível de posições jurídicas, sendo substituído *por esquemas mais precisos*[256].

No Código Civil atual, não há preceito que consagre a figura da *exceptio doli,* o que não constituiria óbice à sua aplicação dada a possibilidade de, para a fundamentar, se poder recorrer às *normas em branco* ou *cláusulas gerais.* Porém, as situações dela carecidas podem ser cobertas pelos artigos 334º e 762º, nº 2.[257].

4.2.2 Referências jurisprudenciais

Como sustenta Menezes Cordeiro, o tipo regulativo do exercício indevido de direitos designado "exceptio doli generalis" é um tipo fluido, muito extenso, de compreensão

[254] António Menezes Cordeiro, *Da Boa Fé no Direito Civil, cit.,* pág. 720.

[255] *Da Boa Fé no Direito Civil, cit.,* págs. 721 e seguintes.

[256] António Menezes Cordeiro, *Do abuso do Direito: estado das questões e perspetivas, cit.,* 4. .

[257] Cfr. António Menezes Cordeiro, *Da Boa Fé no Direito Civil, cit.,* pág. 739.

escassa, que foi merecendo uma utilização decrescente por parte da jurisprudência e um certo desinteresse da doutrina. Segundo este Autor, a admissão duma "exceptio doli generalis", no Código Civil, levantaria dificuldades. Não é que não existam, no Código, normas, que o Autor qualifica como "normas em branco" ou "cláusulas gerais", aptas a fundamentar , na lei, a exceptio. É o caso dos artigos 334º e 762º, nº 2. A dificuldade decisiva advém antes da não consagração, pelo legislador do Código Civil, de elementos mínimos capazes de possibilitar a confecção de um sistema coerente de excepções materiais (...) Para maiores desenvolvimentos, veja-se loc. cit., pág. 739.

Relatório do acórdão do STJ, de 20.11.1995, pº 9A928, Garcia Marques

O abuso de direito na vertente exceptio doli traduz o poder que uma pessoa tem de repelir a pretensão do autor por ter incorrido em dolo.

Relatório do acórdão do STJ, de 19.10.2017, pº 1468/11-5TBALQ-B.L1.S1, Rosa Tching

I – O alcance do princípio do abuso do direito excede o conjunto dos grupos ou tipos de casos considerados na doutrina e na jurisprudência – como a exceptio doli, o venire contra factum proprium, o tu quoque ou o desequilíbrio no exercício jurídico – e, por consequência, não é absolutamente necessário coordenar a situação sub judice a algum dos tipos enunciados."(...)

Acórdão do STJ, de 14-03-2109, pº 1189/15.0T8PVZ.P1.S1, 7ª sec., Nuno Pinto de Oliveira

(...) É o abuso do direito um instituto de grande plasticidade, sobretudo se entendido em termos modernos e hábeis, sem o casulo subjetivista que já o entorpeceu no passado. E especificamente podendo prescindir de um numerus clausus de brocardos (...).

Acórdão do STJ, de 17-12-2109, pº 80/12.1TBMMV.C1.S2, 1ª sec. Paulo Ferreira da Cunha

4.3. *Venire contra factum proprium*

4.3.1 Caracterização

Este instrumento jurídico impeditivo do exercício inadmissível de posições ou situações jurídicas ativas abrange os casos em que, nesse exercício, o sujeito assume uma posição jurídica contraditória com outra sua posição precedentemente tomada. Portanto, diz respeito a situações em que há dois comportamentos da mesma pessoa que se sucedem no tempo e que, apesar de lícitos, os respetivos conteúdos se opõem e contrariam. O que pode provocar a violação da regra geral de que as relações jurídicas se devem desenvolver em patamares de credibilidade, confiança e segurança. Nessas relações, cada parte confia – necessita de confiar – legitimamente na coerência comportamental da outra. Com efeito, na eventualidade de isso não suceder, é natural, previsível e portanto normal que a contraparte duvide da credibilidade do sujeito que desse modo exerce o seu direito. Esta virtual situação de incerteza, incredibilidade e desconfiança contende necessariamente com a segurança das relações jurídicas e com o comércio jurídico em geral. Dando ênfase a estes valores, considera António Menezes Cordeiro: *Na verdade, o princípio da confiança surge como uma mediação entre a boa fé e o caso concreto. Ele exige que as pessoas sejam protegidas quando, em termos justificados, tenham sido levadas a acreditar na manutenção de um certo estado de coisas. (...) No campo ético, cada um deve ser coerente, não mudando arbitrariamente de condutas, com isso prejudicando o seu semelhante*[258]. E, mais adiante, ensina: *Na base da doutrina e com significativa consagração jurisprudencial, a tutela da confiança, apoiada na boa fé, ocorre perante quatro proposições. Assim:*

1ª *Uma situação de confiança conforme com o sistema e traduzida na boa fé subjectiva e ética, própria da pessoa que, sem violar os deveres de cuidado que ao caso caibam, ignore estar a lesar posições alheias;*

2ª *Uma justificação para essa confiança, expressa na presença de elementos objectivos capazes de, em abstracto, provocar uma crença plausível;*

3ª *Um investimento de confiança consistente em, da parte do sujeito, ter havido um assentar efectivo de actividades jurídicas sobre a crença consubstanciada;*

4ª *A imputação da situação de confiança criada à pessoa que vai ser atingida pela protecção dada ao confiante: tal pessoa, por acção ou omissão, terá dado lugar à entrega do confiante em causa ou ao factor objectivo que a tanto conduziu.*

[258] *Do abuso do Direito: estado das questões e perspetivas, cit.*, 9.1.IV

Estas quatro proposições devem ser entendidas dentro da lógica de um sistema móvel. Ou seja: não há, entre elas, uma hierarquia e o modelo funciona mesmo na falta de alguma (ou algumas) delas: desde que a intensidade assumida pelas restantes seja tão impressiva que permita, valorativamente, compensar a falha[259].

4.3.2 Pressupostos

Para que ocorram a figura do *venire contra factum proprium* e os respetivos efeitos legais, incluindo os de natureza indemnizatória, é portanto necessária a verificação dos seguintes pressupostos:

- Comportamento inicial sério e credível de uma pessoa ou entidade dirigida a um fim suscetível de, objetivamente, criar uma situação de confiança;
- Conduta posterior da mesma pessoa ou entidade de conteúdo contrário e também contrária ao fim visado pela anterior;
- Nexo causal entre a situação objetiva de confiança e o investimento da outra parte que nela se baseou, de que lhe advirá um dano.

Essa conduta deve ser suscetível de criar na outra parte uma confiança "legítima", no sentido de razoável, designadamente por ser adequada ao Direito. Não é o que sucede relativamente a condutas anteriores ou situações ilegais, designadamente se essa ilegalidade é cognoscível de uma parte contratante com os conhecimentos e diligência normalmente exigíveis. O que, por outro lado, retira relevância a especiais condicionamentos subjetivos da parte que invoca o instituto.

No que respeita à Administração Pública, esta, no âmbito da atividade que desenvolve, tem necessariamente que atender a alterações de condicionalismo que porventura entretanto possam ter-se verificado, cuja atenção lhe é imposta pelo menos pelos princípios da legalidade e da prossecução do interesse público. O que pode ter sido determinante da segunda posição assumida e contraditória com a primeira por constituir, na sua perspetiva, a melhor forma de prosseguir o interesse público que lhe cabe acautelar. O que justificará o *venire contra factum proprium.*

[259] António Menezes Cordeiro, *Do abuso do Direito: estado das questões e perspetivas, cit.*, 9.1.V.

Assim, no âmbito daqueles pressupostos, deverá ainda considerar-se o de, quando do segundo comportamento, contraditório relativamente ao anterior, subsistirem os condicionalismos fácticos e jurídicos de prossecução do interesse público que se verificavam quando da assunção do primeiro.

4.3.3 Referências jurisprudenciais

(...) III – Há "venire contra factum proprium" quando alguém exerce uma posição jurídica em contradição com o comportamento pelo mesmo assumido anteriormente. IV – A proibição do "venire contra factum proprium" reconduz-se à doutrina da confiança, pressupondo, como elemento subjectivo, que o confiante adira realmente ao facto gerador de confiança. V – A protecção jurídica inerente ao "venire contra factum proprium" também não tem lugar se, tendo-se confiado naquele facto, se descurou a observância de deveres de indagação (...).

Acórdão do STJ, de 20-11-1999, pº 00034795, 6ª sec., Garcia Marques

(...) II – O principio da boa fé assume-se como um dos princípios gerais que servem de fundamento ao ordenamento jurídico. (...) IV – Tal principio apresenta-se como um dos limites da actividade discricionária da Administração. V – Um dos corolários do principio da boa-fé consiste no principio da protecção da confiança legitima, incorporando a boa-fé o valor ético da confiança. VI – A exigência da protecção da confiança é também uma decorrência do principio da segurança jurídica, imanente ao principio do Estado de Direito. VII – Contudo, a aplicação do principio da protecção da confiança está dependente de vários pressupostos, desde logo, o que se prende com a necessidade de se ter de estar em face de uma confiança "legitima" o que passa, em especial, pela sua adequação ao Direito, não podendo invocar-se a violação do principio da confiança quando este radique num acto anterior claramente ilegal, sendo tal ilegalidade perceptível por aquele que pretenda invocar em seu favor o referido principio. VIII – Por outro lado, para que se possa, válida e relevantemente, invocar tal principio é necessário ainda que o interessado em causa não o pretenda alicerçar apenas, na sua mera convicção psicológica, antes se impondo a enunciação de sinais exteriores produzidos pela Administração suficientemente concludentes para um destinatário normal e onde seja razoável ancorar a invocada confiança. IX – As meras expectativas fácticas não são juridicamente tuteladas. X – O cuidado e as precauções a exigir da parte que reivindica a protecção da sua boa-fé serão tanto maiores

quanto mais avultados forem os investimentos feitos com base na confiança, já que se não pretende tutelar o "excesso de confiança". XI – Por outro lado, mesmo em sede do principio da boa-fé, a Administração terá sempre de valorar os condicionantes que entretanto, se tenham produzido, sendo que a mudança do circunstancialismo em que se tivesse baseado numa anterior conduta, poderá legitimar à luz da vinculação ao principio da legalidade e da prossecução actualizada do interesse público, uma alteração aos critérios anteriormente assumidos não estando, assim, a Administração impedida de avaliar a nova situação que, porventura, se tivesse desenvolvido, por forma a melhordxfvg acautelar os interesses que lhe incumbisse defender.(...)

Acórdão do STA, de 18-06-2003, pº 001188/02, Santos Botelho

I – Uma das modalidades que pode revestir o abuso do direito encontra guarida no instituto jurídico denominado "venire contra factum proprium". II – Esta vertente do abuso do direito inscreve-se no contexto da violação do princípio da confiança, que sucede quando o agente adopta uma conduta inconciliável com as expectativas adquiridas pela contraparte, em função do modo como antes actuara. III – O conflito de interesses e a subsequente necessidade de tutela jurídica apenas surgem quando alguém, estando de boa fé, com base na situação de confiança criada pela contraparte, toma disposições ou organiza planos de vida de onde lhe resultarão danos se a sua legítima confiança vier a ser frustrada. IV – O abuso do direito é de conhecimento oficioso, pelo que deve ser objecto de apreciação e decisão, ainda que não invocada.

STJ, de 11.12.2012, pº 116/07.2TBMCN.P1.S1, 6ª sec., Fernando do Vale

I – A proibição do comportamento contraditório configura actualmente um instituto jurídico autonomizado, que se enquadra na proibição do abuso do direito (art. 334º do CC), nessa medida sendo de conhecimento oficioso; no entanto, não existe no direito civil um princípio geral de proibição do comportamento contraditório. II – São pressupostos desta modalidade de abuso do direito –"venire contra factum proprium" – os seguintes: a existência dum comportamento anterior do agente susceptível de basear uma situação objectiva de confiança; a imputabilidade das duas condutas (anterior e actual) ao agente; a boa fé do lesado (confiante); a existência dum "investimento de confiança", traduzido no desenvolvimento duma actividade com base no "factum proprium"; o nexo causal entre a situação objectiva de confiança e o "investimento" que nela assentou. III – O princípio da confiança é um princípio ético fundamental de que a ordem jurídica em momento algum se alheia; está presente, desde logo, na norma do art. 334º do CC, que, ao falar nos limites impostos pela boa fé ao exercício dos direitos, pretende por essa via assegurar a protecção da confiança legítima que o comportamento contraditório do titular do direito possa ter gerado na contraparte.(...).

STJ, de 12.11.2013, pº 464/11.2BGRD-A.C1.S1, 6ª sec. NUNO CAMEIRA

I – Se o abuso do direito foi suscitado nas alegações de recurso jurisdicional nem por isso deixa de ser questão nova e, portanto, a sua apreciação pelo tribunal "ad quem" só pode ser feita se for de entender que é de conhecimento oficioso. II – O abuso do direito é de conhecimento oficioso, em especial quando se estiver perante uma clamorosa injustiça e violação do honeste agere. III – O venire contra factum proprium, em princípio, impede que o contraente possa vir alegar a nulidade do contrato por falta de forma (escritura pública) para a qual tenha contribuído. IV – Abusa do direito quem, sem escritura pública, tendo vendido uma fracção imobiliária a outrem, a quem entregou logo recebeu as chaves e de quem recebeu o preço respectivo, criando no comprador a convicção de ser dono efectivo da coisa, anos mais tarde vem ao tribunal pedir a devolução do imóvel com a alegação de que necessita dele e que a sua ocupação pela ré tem sido feita apenas por mera tolerância sua. V – O abuso do direito pode paralisar os efeitos jurídicos decorrentes da falta de forma legal. VI – Mas o abuso do direito funciona, não somente nos casos de inalegabilidade da nulidade por falta de forma por parte do contraente abusador, como também opera se, mesmo sem a alegar na acção, o autor faz um pedido de devolução da coisa apesar de saber tê-la vendido. VII – Seja por questões de ordem ética, decência e respeito pela parte contrária, seja por razões de índole de grave injustiça e de atropelo aos mais sãos princípios da confiança, pedir uma coisa de outrem a quem a tenha sido vendida parece ser um intolerável exercício do direito. A tutela da confiança e a "primazia da materialidade" não deixam outra solução que não seja a configuração do abuso. VIII – Procedente a figura do abuso do direito, o tribunal pode determinar a improcedência da pretensão do autor e a paralisação dos efeitos da nulidade subjacente.

Tribunal de Segunda Instância da R.A.E.M., de 29.05.2014, Proc. nº 98/2014, CÂNDIDO DE PINHO

I – Para que ocorra o abuso do direito, é necessário que o titular do direito o exerça de forma clamorosamente ofensiva da justiça e dos limites impostos pela boa fé, pelos bons costumes e pelo fim social ou económico do direito. Não é necessária a consciência de que se excederam os limites impostos pela boa fé, pelos bons costumes ou pelo fim social ou económico desse direito. É suficiente que esses limites sejam ultrapassados. O excesso deve ser manifesto. II – Como modalidade do abuso do direito, a doutrina e a jurisprudência, apontam o venire contra factum proprium, abuso que ocorre quando o exercício do agente contradiz uma conduta antes presumida ou proclamada pelo mesmo. (...)

Acórdão do STJ, de 27.04.2017, pº 1192/12.1TVLSB.L1.S1, 1ª sec., Garcia Calejo

4.4. Inalegabilidade formal

4.4.1 Caraterização

Com o subinstituto da *inalegabilidade formal*, visa-se, à luz do princípio da boa-fé e no âmbito do abuso de direito, obviar a situações de injustiça que, sem a sua aplicação, ocorreriam em consequência do exercício de um direito ou de uma situação jurídica ativa. Neste caso, trata-se de impedir que, nas relações jurídicas bilaterais, uma das partes se possa prevalecer, em prejuízo da contraparte, da nulidade de um negócio jurídico causada por vício de forma que lhe é imputável.

A origem deste subinstituto é jurisprudencial, evoluindo no seu âmbito de aplicação: desde abranger os casos em que uma parte pretendia valer-se de um vício de forma que dolosamente provocou, tendo-se passado a exigir apenas a simples negligência, para, por fim, se aplicar a todas as situações ofensivas da boa-fé, independentemente de culpa[260].

4.4.2 Pressupostos

Para obviar às dificuldades legais oponíveis com relação a uma excessiva abrangência do instituto da inalegabilidade formal, exige-se que, para a invocar e admitir, ocorra um conjunto de requisitos que acrescem aos exigíveis para invocar o *venire contra factum proprium:*

- O facto gerador de confiança, por a falta de forma do negócio, resulte de comportamento censurável de quem invoca a nulidade;
- Tenha criado na contraparte a situação de confiança;
- Haja uma frustração da confiança decorrente daquele comportamento;

[260] Cfr. António Menezes Cordeiro, *Da Boa Fé no Direito Civil cit.*, págs. 775/776.

- Ocorra um sensível investimento de confiança;
- Da invocação da nulidade resultem danos para a contraparte;
- Daí não resulte a ofensa de interesses de terceiros de boa-fé;
- O investimento de confiança seja sensível, sendo dificilmente assegurado por outra via[261].

Quanto à situação de confiança, conforme foi salientado pelo STJ, também quanto a este instituto se torna necessário que se trate de uma *situação objectiva de confiança*, portanto a que aderiria um sujeito jurídico de conhecimentos e diligência normalmente exigíveis e, consequentemente, merecedora de tutela jurídica; *tem de radicar numa conduta de alguém que de facto possa ser entendida como uma tomada de posição vinculante em relação a uma dada situação futura e que, directa ou indirectamente, revele a intenção do agente de se considerar vinculado a uma determinada atitude no futuro.*

Quanto à generalidade dos pressupostos apontados, e das consequências para a contraparte da invocação da nulidade, o instituto intervém se aquela *toma disposições ou organiza planos de vida de que lhe surgirão danos, se a sua confiança legítima vier a ser frustrada e que tal dano não seja removível através de outro meio jurídico capaz de conduzir a uma situação satisfatória, no sentido de que o recurso a esta proibição é sempre um último recurso e, por último, que exista boa fé da contraparte que confiou e tenha agido com o cuidado e as precauções usuais no tráfico jurídico*[262].

4.4.3 Referências jurisprudenciais

É manifesto o abuso de direito quando o autor pretende fazer valer a nulidade resultante do vício de forma no contrato de cessão de direito ao arrendamento, depois de ter criado no réu a confiança na validade do mesmo contrato e de este último ter passado a proceder relativamente ao prédio arrendado como arrendatário de facto, acabando mesmo por comprar o local conjuntamente com outros.

Acórdão do STJ, de 18.02.1994, pº 085879

[261] Cfr. António Menezes Cordeiro, *Do abuso do Direito: estado das questões e perspetivas, cit.*, 10. e em *Da Boa Fé no Direito Civil cit.*, págs. 783/784 e também o acórdão do Tribunal Central Administrativo do Sul, de 24.11.2006, pº 12325/15 CA, 2º J, Paulo Pereira Gouveia em *http://www.dgsi.pt* .

[262] Acórdão do STJ de 07.03.2019, da 2ª sec., pº 299/16.0T8VIS.C1.S1.

(...) Tendo o contrato sido executado durante 16 anos e tendo o R. invocado a nulidade decorrido este lapso de tempo, quando a funcionária se limitou a cumprir o que lhe foi ordenado e o R., depois de a ter admitido sem observância do legal formalismo, põe fim ao contrato com esse fundamento, age com abuso de direito, na modalidade de venire contra factum proprium e na espécie de inalegabilidade formal.(...)

Acórdão do Tribunal da Relação do Porto, de 26.04.2010, pº 98/09.6TTVNF.P1, Ferreira da Costa

(...) A inalegabilidade formal é a situação da pessoa que, por exigências do sistema, não se possa prevalecer da nulidade de um negócio jurídico causada por vício de forma; tem os seguintes pressupostos: um comportamento gerador de confiança, por a falta de forma do negócio resultar de comportamento de quem invoca a nulidade; existência de uma situação de confiança; efetivação de um investimento de confiança; frustração da confiança por parte de quem a gerou; devem estar em jogo apenas os interesses das partes envolvidas, e não, também, os de terceiros de boa fé; a situação de confiança deve ser censuravelmente imputável à pessoa a responsabilizar; o investimento de confiança deve ser sensível, sendo dificilmente assegurado por outra via.(...)

Acórdão do Tribunal Central Administrativo do Sul, de 24.11.2006, pº 12325/15 CA

Sendo de imputar à Autora a não redução a escrito do contrato de arrendamento, sendo a mesma Autora por conseguinte a provocar o vício gerador da nulidade constituiria abuso de direito permitir que a Autora beneficiasse da declaração de nulidade a que deu causa, e cuja manutenção assegurou.

Acórdão do Tribunal da Relação de Lisboa, de 17.03.2009, pº 8377/2008-1. Maria Rosário Barbosa

I – O abuso do direito, na modalidade de "venire contra factum proprium", pressupõe uma situação objectiva de confiança, com base na qual a contraparte realiza investimentos, que ficam irreversivelmente comprometidos com a conduta contrária àquela que gerou a confiança. II – Admite-se, em princípio, a possibilidade de neutralização da arguição nulidade do contrato com fundamento em abuso do direito (normalmente invocando-se o "venire contra factum proprium; inalegabilidades formais" para Menezes Cordeiro), com a devida contenção, desde que verificados os respectivos pressupostos. III – É relevante para a apreciação do abuso do direito que a nulidade seja imputável à parte que a invoca. IV – A aplicação do abuso de direito contra nulidades formais é residual, devendo ser utilizada apenas quando não exista outra possibilidade de reposição da justiça.(...)

Acórdão do Tribunal da Relação do Porto, de 04.06.2013, pº 1018/10.0TBCHV.P1 MARCIA PORTELA

(...) II – Para a verificação do "abuso de direito" (art. 334º, do C. Civil), o legislador optou por uma conceção objetivista, não exigindo que o titular do direito tenha consciência de que o seu procedimento é abusivo; basta que, objetivamente, os limites impostos pela boa-fé, pelos bons costumes ou pelo fim social ou económico do direito exercido tenham sido exercidos de forma evidente. IV – Isto não significa, porém, que ao conceito de "abuso do direito" sejam alheios fatores subjetivos, como por exemplo a intenção com que o titular tenha agido. V – O "abuso de direito tem sido analisado nomeadamente nas modalidades de "venire contra factum proprium", de "inalegabilidades formais", de "suppressio", de "tu quoque" e de "desequilíbrio entre exercício do direito e os efeitos dele derivados". VI – O "abuso de direito" na modalidade do "desequilíbrio entre o exercício do direito e os efeitos dele derivados", abrange subtipos diversificados, nomeadamente: i) o do exercício de direito sem qualquer benefício para o exercente e com dano considerável a outrem; ii) o da atuação dolosa daquele que vem exigir a outrem o que lhe deverá restituir logo a seguir; iii) e o da desproporção entre a vantagem obtida pelo titular do direito exercido e o sacrifício por ele imposto a outrem.

Acórdão do Tribunal da Relação de Guimarães, de 01.01.2018, pº 146/16.0T8VCT.G1, ANTÓNIO BATTOCA PENHA

4.5 *Suppressio*

4.5.1 Caracterização

A *suppressio* é uma modalidade de abuso de direito que entronca na convicção razoavelmente criada no devedor em resultado da passividade do titular do direito ou de outra posição jurídica ativa no que ao seu exercício diz respeito, convicção essa no sentido de esse direito já não ser exercido. Como ensina ANTÓNIO MENEZES CORDEIRO – que aqui tem vindo a ser seguido muito de perto pela sua autoridade na matéria, como é genericamente reconhecido – *suppressio é a situação do direito que, não tendo sido, em certas circunstâncias, exercido durante um determinado espaço de tempo, não possa mais sê-lo por, de outra forma, se contrariar a boa fé*[263].

Portanto, o subinstituto do abuso de direito designado por *suppressio*[264] diz respeito ao efeito *supressivo* da possibilidade de exercício de uma posição jurídica que não tenha sido exercida, em certas circunstâncias, por certo lapso de tempo e cujo exercício posterior seria contrário à boa-fé. Esse não exercício durante um lapso de tempo é suscetível de, nas condições concretas, segundo o comportamento de um devedor normalmente cumpridor, gerar razoavelmente a convicção de que esse exercício já não teria lugar, ou porque essa posição jurídica não existia ou, porque, tratando-se de um contrato, este estava a ser cumprido na forma exigível ou, pelo menos, de forma aceite pela outra parte.

Na base está, mais uma vez, a inadmissível frustração de um investimento de confiança. Com efeito, como a seguir se dirá, um dos pressupostos para a intervenção da *suppressio* é o de que a inação do titular do direito tenha provocado um *investimento de confiança*, isto é, que a contraparte do direito, convencida e confiante de que essa inação correspondia a uma opção do não exercício do direito, e determinada por isso, adotou um comportamento em conformidade com essa situação diferente da que decorria do clausulado inicial, pelo que o exercício do direito nos termos em que, razoavelmente, já não contava, lhe causa maiores desvantagens do que o seu exercício nos termos inicialmente acordados.

Porém, importa ter presente que aquela inação do titular do direito deve ser enquadrada num circunstancialismo, designadamente temporal, suscetível de, razoavelmente, criar a convicção da vontade do não exercício do direito. Mais uma vez há que lançar mão de um critério que se baseie no comportamento normal e razoavelmente exigível a um sujeito de direito de conhecimentos e diligência normais.

Por outro lado, e também por isso, a *suppressio* raramente poderá decorrer da não verificação de um esperado facto de ocorrência isolada

[263] *Da Boa Fé no Direito Civil cit.*, pág. 797.

[264] Esta designação é da autoria de ANTÓNIO MENEZES CORDEIRO que informa: *Propusemos o termo suppressio para exprimir o alemão Verwirkung. Recorremos ao latim, dentro das tradições nacionais, para evitar o deselegante recurso ao alemão e na impossibilidade de adaptar locuções portuguesas Cfr. Do abuso do Direito: estado das questões e perspetivas, cit.*, 11.

ou instantânea; é, como não podia de*ixar de ser, o produto de uma omissão* ***temporariamente prolongada*** *cujo decurso (da inércia) vai paulatinamente criando, no sujeito relevante, a convicção sobre uma conduta tacitamente compromissiva*[265].

Trata-se de uma das configurações do abuso de direito que teve dificuldades na sua aceitação doutrinária e jurisprudencial, já que havia quem entendesse que carecia de autonomia relativamente à *venire contra factum proprium*. Vingou, porém, a orientação que confere à *suppressio* aquela autonomia devido ao facto de o fator "*decurso do tempo*" ter nesta um relevo que naquela não tem. Considera-se que, na *suppressio,* está na inatividade durante o decurso de um período de tempo considerado excessivo segundo os critérios vigentes na comunidade, que radica a inadmissibilidade do exercício do direito, enquanto que, na *venire contra factum proprium,* o que pontifica é o sancionamento do próprio exercício do direito, que na *suppressio* não está em causa[266]. Esse lapso de tempo será o que, considerado o circunstancialismo do caso concreto, segundo o sentimento normal da comunidade em que se insere, já não é razoavelmente de esperar e admitir o exercício do direito.

Registe-se, porém, que a *suppressio* pressupõe e exige que o lapso de tempo do não exercício seja inferior ao prazo legal de extinção do direito por prescrição, pois, se este já decorreu, o direito está extinto por ação daquele, e, nesse caso, não se está perante o exercício abusivo de um direito, mas perante uma ausência de direito.

Esclareça-se, por outro lado, que à situação jurídica do que, por ação da *suppressio,* deixou de estar submetido àquele exercício, passou a designar-se de *surrectio.* Concretiza-se numa nova configuração do conteúdo obrigacional que fica reduzido ou alterado, exatamente porque esta sua nova configuração resulta de uma prática que não foi contrariada durante um tempo tido por razoável. Ocorreu a redução do conteúdo obrigacional em razão da decorrência de um longo período de tempo sem o exercício de um determinado direito ou da exigência de certa obrigação por uma das partes da relação obrigacional. Considera-se que admitir o exercício do direto na sua constituição original afrontaria com o princípio da boa-fé.

[265] PEDRO MONIZ LOPES, *Contratos Administrativos e Boa Fé, cit.*, pág.115.

[266] Cfr. ANTÓNIO MENEZES CORDEIRO, *Da Boa Fé no Direito Civil cit.*, págs. 805 e seguintes.

Esta, portanto, traduz o surgimento de uma nova situação jurídica decorrente da ação daquela e em contraponto dela.

4.5.2 Pressupostos

Para que a *suppressio* possa ter lugar, é necessária a verificação cumulativa, em cada caso concreto, dos respetivos pressupostos:

- Ocorra um não-exercício durante um período de tempo superior ao que normalmente poderia esperar-se;
- Essa passividade do titular crie uma situação de confiança no obrigado;
- Essa confiança se justifique segundo os padrões comportamentais da sociedade em que se insere;
- Haja um investimento de confiança;
- A confiança seja imputável ao titular do direito ou situação ativa que não o exerceu[267].

4.5.3 Referências jurisprudenciais

A supressio traduz-se no não exercício do direito durante um lapso de tempo de tal forma longo que crie na contraparte a representação de que esse direito não mais será exercido, conduzindo o exercício tardio a uma desvantagem injustificada para esta.

Acórdão do Tribunal da Relação do Porto, de 15.12.2005, pº 0535984, Deolinda Varão

(...) *4. A boa fé do interventor deve subsistir enquanto a construção se realiza, não bastando que exista no seu início. Tendo, pois, de ser contínua. 5. O nosso sistema jurídico acolheu a concepção objectiva do abuso do direito. 6. Estamos perante a"suppressio" quando uma posição jurídica, não tendo sido exercida durante certo tempo, não mais possa sê-lo por, de outra forma, se atentar contra a boa fé; ocorrendo, pois, uma supressão de certas faculdades jurídicas, pela conjugação do tempo com a boa fé. 7. Além de outras, pode, ainda, prever-se uma categoria de comportamentos abusivos, que é constituída pelo desequilíbrio no exercício de posições jurídicas, nela cabendo, por seu turno, o exercício*

[267] António Menezes Cordeiro, *Do abuso do Direito: estado das questões e perspetivas, cit.*, 11. .

danoso inútil. 8. Aquele que viole uma norma jurídica não pode tirar partido da violação, exigindo a outrem o acatamento de consequências daí resultantes. Trata-se de um acto abusivo, concretizado na locução "tu quoque".

Acórdão do STJ, de 18-03-2010, 2ª sec., pº 387/1993.S1, SERRA BAPTISTA

(...) 6. A actuação da Autora, atento o objectivo que visa com a acção, ao fim de largos anos de inércia, aparece à luz da boa-fé e do fim social e económico do direito que pretende exercer, como violadora do princípio da segurança, pelo não deve ser atendida, não na modalidade de venire contra factum proprium, mas na modalidade da "supressio" do direito da Autora que assim deverá ser penalizada pela sua injustificada passividade, durante pelo menos onze anos.

Acórdão do STJ de 11.01.2011, 6ª sec., pº 627/06.7TBAMT.P1, FONSECA RAMOS

I – A inércia, omissão ou não-exercício do direito por um período prolongado, sem que possa sê-lo tardiamente se contundir com os limites impostos pela boa fé, constitui uma expressão ou modalidade especial do "'venire contra factum proprium", conhecida por "supressio" (ou 'verwirkung', no alemão original). II – À sua caracterização não basta, contudo, o mero não-exercício e o decurso do tempo, impondo-se a verificação de outros elementos circunstanciais que melhor alicercem a justificada/legítima situação de confiança da contraparte. III – Não configura abuso do direito, na referida modalidade, sendo por isso legítimo, o exercício do direito dos AA. de reclamarem, na constância do vínculo laboral, a sua promoção na carreira e o pagamento dos diferenciais retributivos correspondentes.

Acórdão do STJ, de 11.12.2013, pº 629/10.9TTBRG.P2.S1, 4sec., FERNANDES DA SILVA

4.6. *Tu quoque*

4.6.1 Caracterização

Outra das modalidades de que se pode revestir o *abuso de direito* é designada pela expressão *tu quoque*[268] e pretende conter a regra de que

[268] *Tu quoque* é a expressão latina vulgarmente usada para designar a falácia cometida quando se utiliza erros próprios para desconsiderar um seu próprio argumento.

quem, com o seu comportamento numa relação com outrem, violar uma norma jurídica não pode beneficiar dessa violação, designadamente em termos de exigir à contraparte o acatamento das consequências que dessa sua violação decorrem, isto é, *não pode prevalecer-se de violações que ele próprio tenha perpetrado*[269]. Portanto: *a pessoa que viole uma norma jurídica não pode, sem abuso, exercer a situação jurídica que essa mesma norma lhe tivesse atribuído*[270].

Se aquele que infringiu uma norma jurídica pudesse mais tarde valer-se do facto de se tratar de uma infração à norma para daí obter resultados favoráveis à custa da contraparte, isso constituiria ofensa ao sentido de justiça dominante na comunidade, consequentemente, um abuso de direito e, portanto, uma violação do princípio da boa-fé. Seria uma situação de sentido algo inverso ao do *venire contra factum proprium*, mas igualmente abuso de direito[271]. Todavia, também neste caso se trata de atribuir relevo jurídico negativo à pretensão de extrair benefícios de atos próprios cuja prática é desconforme com o referido sentimento de justiça que vigora no seio da comunidade.

O artigo 126º do Código Civil constitui um bom exemplo da sua aplicação: *Não tem o direito de invocar a anulabilidade o menor que, para praticar o ato tenha usado de dolo com o fim de se passar por maior ou emancipado.*

Mais completamente e, uma vez mais, nas esclarecidas palavras de António Menezes Cordeiro[272], *a pessoa que viole uma norma jurídica não pode, depois e sem abuso:*

– ou prevalecer-se da situação jurídica daí decorrente;
– ou exercer a posição jurídica violada pelo próprio;
– ou exigir a outrem o acatamento da situação já violada.

4.6.2 Referências jurisprudenciais

I – A chuva introduzida pelas fendas do telhado no interior de um estabelecimento comercial, que o torne impróprio, constitui, em si, força maior justificativa do seu encer-

[269] António Menezes Cordeiro, *Boa Fé nos Finais do Século. XX*, pág. 896.
[270] António Menezes Cordeiro, *Da Boa Fé no Direito Civil cit.*, págs. 837.
[271] Sobre este assunto, ver António Menezes Cordeiro, *Da Boa Fé no Direito Civil cit.*, pág. 843.
[272] *Do abuso do Direito: estado das questões e perspetivas, cit.*, 12.

ramento pelo inquilino. II – As respectivas obras são da conta do proprietário, estando o inquilino apenas obrigado a avisar o senhorio dos vícios da coisa. III – Cumprindo o inquilino esse dever, não pode afirmar-se, a partir daí, que contribuiu para a força maior verificada. IV – O senhorio, obrigado a providenciar quanto ao telhado, que não faz as obras depois de avisado e tente resolver o arrendamento por encerramento da loja, fruto de vício que é seu, age com abuso de direito.

Acórdão do Tribunal da Relação do Porto, de 03.02.1981, pº 00620 Joaquim de Carvalho

(...) *II – Vir o promitente comprador arguir a nulidade do contrato-promessa por inobservância das formalidades do nº 3 do artº 410 do CC, quando é o reconhecimento da sua assinatura que falta no contrato, traduz um comportamento que manifestamente excede os limites da boa fé negocial, no sentido normativo do artº 334 do mesmo código, consubstanciador de evidente abuso de direito. III – A perda do sinal pelo promitente comprador faltoso tão só se justifica no caso de incumprimento definitivo do contrato-promessa, que não perante a simples mora.*

Acórdão do STJ, de 12.07.2001, pº 2111/01, 7ªsec, Araújo de Barros

Se a lei preceitua que os condóminos presentes devem subscrever a acta, nos casos em que estes se recusam a fazê-lo ou não o fazem por qualquer motivo, nem por isso a acta deixa de ser válida. Tratar-se-á, neste caso, de uma irregularidade que não afecta a deliberação e da qual o condómino presente que não assinou a acta ou não a quis ou não pode assinar e que não impugnou a deliberação, ou não suscitou a questão oportunamente, não pode prevalecer-se tendo em conta o instituto do abuso de direito previsto no artigo 334º do C. Civil, porque a ela deu causa ou a não quis remediar.

Acórdão do Tribunal da Relação de Lisboa, de 02.03.2004, pº 0468/2003-1, André dos Santos

I – O alcance do princípio do abuso do direito excede o conjunto dos grupos ou tipos de casos considerados na doutrina e na jurisprudência – como a exceptio doli, o venire contra factum proprium, o tu quoque ou o desequilíbrio no exercício jurídico – e, por consequência, não é absolutamente necessário coordenar a situação sub judice a algum dos tipos enunciados. II – O conteúdo do princípio da proibição do "tu quoque" é o de que quem actua ilicitamente, em desconformidade com o direito, não pode prevalecer-se das consequências jurídicas (sancionatórias) de uma actuação ilícita da contraparte. III – O autor, ao actuar ilicitamente, designadamente deixando de pagar as quotas ao condomínio, não pode prevalecer-se das consequências jurídicas (sancionatórias) de uma actuação ilícita do condomínio, concretizada na não realização de obras para as quais as quotas, que o autor deixou de pagar, seriam necessárias.

Acórdão do STJ, de 14.03.2019, pº 1189/15.0T8PVZ.P1.S1, 7ªsec, Nuno Pinto Oliveira

4.7. Desequilíbrio no exercício de direitos

4.7.1 Caracterização

A última das modalidades de abuso de direito integradas no exercício inadmissível de posições jurídicas respeita ao *desequilíbrio* daí decorrente. Esse desequilíbrio acontece quando do exercício de um direito, devido a circunstancialismo imprevisível ou mesmo extraordinário, se chega a resultados que ferem o sentimento de justiça da comunidade por conduzirem a uma gritante e objetiva desproporção entre os benefícios daí auferidos pelo exercente do direito e os sacrifícios que, para isso, impôs à outra parte, sendo, por isso, tidos por inaceitáveis por aquela.

Constitui uma fórmula residual que abarca todas as situações ofensivas da boa-fé e constitutivas de abuso do direito que não caibam nos subinstitutos antes referidos. O que lhe confere uma amplitude que tem originado a sua subdivisão em três tipos:

- *o exercício danoso inútil;*
- *dolo agit qui petit quod statim redditurus est,*
- *desproporção grave entre o benefício do titular exercente e o sacrifício por ele imposto a outrem*[273].

O primeiro dos referidos tipos previne as situações em que a pessoa exerce um seu direito sem disso pretender tirar proveito e apenas para prejudicar outrem em grau considerável[274].

[273] António Menezes Cordeiro, *Do abuso do Direito: estado das questões e perspetivas, cit.*, 13 e *Da Boa Fé em Direito Civil, cit.*, pág. 853.

[274] António Menezes Cordeiro, *Boa Fé nos Finais do Século. XX*, pág. 896.

O segundo põe em realce a inutilidade inerente à circunstância de se fazer exigência de prestação daquilo que de seguida tem de ser restituído, impondo assim à contraparte *um dispêndio acrescido de esforços vãos*[275].

O terceiro consagra a inaceitabilidade de um resultado de exercício que conduz à imposição de um sacrifício de proporções tão elevadas em relação ao benefício obtido que se revela de gritante injustiça.

4.7.2 Referências jurisprudenciais

(...) V – O desequilíbrio no exercício do direito (desproporção inadmissível entre a vantagem própria e o sacrifício que impõe aos outros) constitui uma das modalidades em que se desdobra o abuso do direito.

Acórdão do STJ, de 23.01.2014, 7ª sec., Pº 1117/10.9TVLSB.p1.S1, Granja da Fonseca

A figura do desequilíbrio no exercício do direito, enquanto tipo de abuso de direito, não dispensa a verificação de condições subjectivas por parte do credor (a sua intenção no exercício do direito o fim visa).

Acórdão do Tribunal da Relação de Évora, de 08.09.2016, proc. 2836/12.0TBSTRG, Paulo Amaral

1 – Ocorre uma situação típica de abuso do direito quando alguém, detentor de um determinado direito, consagrado e tutelado pela ordem jurídica, o exercita, todavia, no caso concreto, fora do seu objectivo natural e da razão justificativa da sua existência e ostensivamente contra o sentimento jurídico dominante. 2 – Uma das modalidades que dogmaticamente se tem considerado configurar abuso do direito é o desequilíbrio no exercício de posições jurídicas, que se pode definir como o exercício de um direito que devido a circunstâncias extraordinárias dá origem a resultados totalmente estranhos ao que é admissível pelo sistema, quer por contrariar a confiança ou aquilo que o outro podia razoavelmente esperar, quer por dar origem a uma desproporção manifesta e objectiva entre os benefícios recolhidos pelo titular ao exercer o direito e os sacrifícios impostos à outra parte resultantes desse exercício (aqui se incluem o exercício danoso inútil, a exigência injustificada de coisa que de imediato se tem de restituir e o puro desequilíbrio objectivo).

Acórdão do Tribunal da Relação de Coimbra, de 09.01.2017, pº 102/11.8TBALD.C2, Luís Cravo

[275] António Menezes Cordeiro, *Da Boa Fé em Direito Civil, cit.*, pág. 856.

(...) III – Para a verificação do "abuso de direito" (art. 334º, do C. Civil), o legislador optou por uma conceção objetivista, não exigindo que o titular do direito tenha consciência de que o seu procedimento é abusivo; basta que, objetivamente, os limites impostos pela boa-fé, pelos bons costumes ou pelo fim social ou económico do direito exercido tenham sido exercidos de forma evidente. IV – Isto não significa, porém, que ao conceito de "abuso do direito" sejam alheios fatores subjetivos, como por exemplo a intenção com que o titular tenha agido. V – O "abuso de direito tem sido analisado nomeadamente nas modalidades de "venire contra factum proprium", de "inalegabilidades formais", de "suppressio", de "tu quoque" e de "desequilíbrio entre exercício do direito e os efeitos dele derivados". VI – O "abuso de direito" na modalidade do "desequilíbrio entre o exercício do direito e os efeitos dele derivados", abrange subtipos diversificados, nomeadamente: i) o do exercício de direito sem qualquer benefício para o exercente e com dano considerável a outrem; ii) o da atuação dolosa daquele que vem exigir a outrem o que lhe deverá restituir logo a seguir; iii) e o da desproporção entre a vantagem obtida pelo titular do direito exercido e o sacrifício por ele imposto a outrem. VII – Se o "abuso de direito" se verifica na celebração de um negócio jurídico, em princípio o mesmo deverá ser considerado um contrato de objeto ou fim abusivo e, como tal, nulo (arts. 280º e 281º, do C. Civil).

Acórdão do Tribunal da Relação de Guimarães, de 01.02.2018, proc. 646/16.078VCT,Gi, António Barroca Penha

BIBLIOGRAFIA

Afonso Queiró, *Lições de Direito Administrativo* (policopiadas), 1976, Coimbra

Ana Raquel Gonçaives Moniz, *Princípios da Contratação Pública,* Revista de Contratos Públicos, ed. Cedipre/Almedina, nº 11

Amaral e Almeida e Pedro Fernández Sánchez, *Comentários ao Anteprojeto de Revisão do Código dos Contratos Públicos* (Agosto de 2016) – Regime da Contratação Pública, Lisboa: Sérvulo & Associados, 2016, disponível em *https://www.servulo.com/xms/files/00_SITE_NOVO/01_CONHECIMENTO/02_LIVROS_ARTIGOS_CIENTIFICOS/2016/Livros/Comentarios_ao_Anteprojeto_de_Revisao_do_Codigo_dos_Contratos_Publicos.pdf*

António Francisco de Sousa, *Conceitos indeterminados no Direito Administrativo,* Almedina, Coimbra, 1994

António Menezes Cordeiro

— *Da Boa Fé no Direito Civil,* Almedina, 2017

— *A Boa Fé nos Finais do Século XX,* pág. 894, disponível em *https://portal.oa.pt/upl/%7B68b82e6d-8122-4488-a75e-dc38215d7c9f%7D.pdf*

— *Do abuso do Direito: estado das questões e perspetivas* disponível em *https://portal.oa.pt/publicacoes/revista/ano-2005/ano-65-vol-ii-set-2005/artigos-doutrinais/antonio-menezes-cordeiro-do-abuso-do-direito-estado-das-questoes-e-perspectivas-star/*

Diogo Freitas do Amaral, *Curso de Direito Administrativo,* II, 2 ª ed., Almedina, 2011

Diogo Leite de Campos, *Boa Fé de Segurança Jurídica em Direito Tributário,* disponível em *https://portal.oa.pt/publicacoes/revista/ano-2008/ano-68-vol-i/doutrina/diogo-leite-de-campos-boa-fe-e-seguranca-juridica-em-direito-tributario/*

Eduardo García de Enterría/Tomás-Ramón Fernández, *Curso de Derecho Administrativo, I,* 12ª ed., Thompson, 2005

F. A. Ferreira de Almeida, *Direito Administrativo,* Almedina, 2018

FAUSTO QUADROS
— *Comentários ao Anteprojeto de Revisão do Código do Procedimento Administrativo,* Almedina, 2016
— *O Concurso Público na Formação do Contrato Administrativo,* Revista da Ordem dos Advogados, 1987

FERNANDO ALVES CORREIA, ANTÓNIO BARBOSA DE MELO PEDRO GONÇLVES, ANA RAQUEL G. MONIZ e DULCE LOPES *Contratação Pública Autárquica,* Almedina, 2006, pág. 43

FRANCIS LEFEBVRE, *Contratos Públicos – Memento Pratico,* ed. Ediciones Francis Lefebvre, 2004, Madrid

FREDERICO CASTILHO BLANCO, *La protección de Confianza en el Derecho Administrativo,* Marcial Pons, 1998

GIL VICENTE MAIA, *Boa fé e responsabilidade civil decorrente da violação de deveres acessórios de conduta: o critério do «perímetro contratual» na delimitação do regime de responsabilidade aplicável,* Revista JULGAR, janeiro 2020, disponível, em *http://julgar.pt/wp-content/uploads/2020/01/20200125-ARTIGO-JULGAR-Responsabilidade-civil-e-per%C3%ADmetro-contratual-Gil-Valente-Maia.pdf*

J. J. GOMES CANOTILHO e VITAL MORERA, *Constituição da República Portuguesa Anotada,* I, 2ª ed., Coimbra Editora, 1984

J. M. ANTUNES VARELA, *Das Obrigações em Geral,* I, 3ª ed., Almedina, 1998

J. M. SÉRVULO CORREIA, *Noções de Direito Administrativo,* I, ed. Danúbio, 1982

JESUS GONZALEZ PEREZ, *El principio general de la buena fe en el derecho administrativo,* disponível em *https://www.racmyp.es/docs/academicos/669/discurso/d32.pdf*

JOÃO PACHECO DE AMORIM
— *Os princípios gerais da atividade administrativa no projeto de revisão do Código do Procedimento Administrativo,* Cadernos de Justiça Administrativa, nº 100, julho/agosto 2013
— *A Invalidade e a (In)eficácia do Contrato Administrativo no Código dos Contratos Públicos,* em Estudos de Contratação Pública – I, CEDIPRE, org. de Pedro Costa Gonçalves, 2008

JOSÉ ANTÓNIO MARTINS LUCAS CARDOSO, *Do problema dos conceitos jurídicos indeterminados em Direito Administrativo,* em POLIS – Revista de Estudos Jurídicos, disponível em http://revistas.lis.ulusiada.pt/index.php/polis/article/view/929

JOSE ANTONIO MORENO MOLINA/FRANCISCO PLEITE GUADAMILLAS, *La Nueva Ley del Sector Público,* 2ª ed., La Ley, 2009, Madrid

JOSÉ EDUARDO FIGUEEIREDO DIAS/FERNANDA PAULA OLIVEIRA, *Noções Fundamentais de Direito Administrativo,* Almedina, 2ª ed., 2010

LAURENT RICHER, *Droit des Contrats Administratifs,* 6ª ed., Lextenso éditions, Paris, 2008

Luis S. Cabral de Moncada,
— *Consenso e Autoridade na Teoria do Contrato Administrativo,* Quid Juris, 2012
— *Código do Procedimento Administrativo Anotado,* 2ª ed., Quid Juris, 2017
— *O Contrato Administrativo e a Autoridade Administrativa,* ed. Quid Juris, 2021

Manuel Carneiro da Frada, *Os Deveres (Ditos) "Acessórios" e o Arrendamento, disponível em https://portal.oa.pt/upl/%7Bd785b4f1-80eb-4b99-a33a-b654a218724e%7D.pdf*

Marcelo Laborde Goñi, *El Princípio de la Buena Fe Como Rector del Ejercicio de la Función* Pública, Revista de Derecho Público, año 25, nº 50, Diciembre 2016, *http://www.revistaderechopublico.com.uy/ojs/index.php/Rdp/issue/view/1*

Marcelo Rebelo de Sousa
— *O concurso Público na Formação do Contrato Administrativo,* Lex. 1994
— *Lições de Direito Administrativo I,* Lex, 1999

Marcelo Rebelo de Sousa/André Salgado De Matos, *Direito Administrativo Geral – Atividade Administrativa,* Tomo III, 2ª ed., D. Quixote, 2009

Marcelo Rebelo de Sousa e José De Melo Alexandrino, *Constituição da República Portuguesa Comentada",* lex, 2000

Margariga Olazabal Cabral, *O concurso público nos contratos administrativos,* Almedina, 1997

Mário Aroso de Almeida, *O Problema do Contrato Administrativo – No Quadro Normativo Decorrente do Código dos Contratos Públicos,* Almedina, 2018

Mário Esteves de Oliveira, *Direito Administrativo,* I, Almedina, 1980

Mário Esteves de Oliveira/Pedro Costa Gonçalves/João Pacheco de Amorim, *Código do Procedimento Administrativo Comentado,* 3ª ed., Almedina, 1998

Mário Júlio de Almeida e Costa, *Direito das Obrigações,* 6ª ed., Almedina, 1994

Mário e Rorigo Esteves de Oliveira, *Concursos e Outros Procedimento de Contratação Pública,* Almedina, 2011

Miguel Assis Raimundo, *A Formação dos Contratos Públicos,* aafdl, 2003

Miguel Nogueira de Brito, *Os Princípios Jurídicos dos Procedimentos Concursais,* disponível *em http://www.icjp.pt/sites/default/files/media/1024-2234.pdf*

Paulo Otero, *Legalidade e Administração Pública – O sentido da Vinculação Administrativa à Juridicidade,* Almedina, 2003

Pedro Moniz Lopes
— *Princípio da Boa-fé e Decisão Administrativa,* Almedina, Coimbra, 2011
— *Contratos Administrativos e Boa Fé,* aafdl, 2019

Pedro Fernández Sánchez, *Direito da Contratação Pública I,* aafdl, 2020

PEDRO COSTA GONÇALVES, *O Contrato Administrativo, Uma Instituição do Direito Administrativo do Nosso Tempo*, Almedina, 2003

PIRES DE LIMA e ANTUNES VARELA, *Código Civil Anotado*, Almedina, II, 1968

RAMÓN PARADA, *Derecho Administrativo, I*, Marcial Pons, 2004

RICARDO BRANCO, *Os princípios gerais em matéria de formação dos contratos públicos*, em Comentários ao Código dos Contratos Públicos, vol. I, org. de CARLA AMADO GOMES e outros, aafdl, 2021, págs. 332 e seguintes

RODRIGO ESTEVES DE OLIVEIRA, *Os Princípios Gerais na Contratação Pública*, em Estudos de Contratação Pública – I, CEDIPRE/Coimbra Editora, 2008

SAINZ MORENO, *La buena fe en las relaciones de la Administración con los administrados*, na Revista de Administración Pública", nº 89

SUZANA MENDONÇA, *A Boa Fé na Atividade Administrativa*, e-Pública: Revista Eletrónica de Direito Administrativo, vol. 5, nº 1, disponível em *https://www.e-publica.pt/volumes/v5n1a10.html*

VERA EIRÓ, *A obrigação de indemnizar das entidades adjudicantes. Fundamento e pressupostos*, Almedina Coimbra, 2013

VICTOR ESCARTÍN ESCUDÉ, *Principios Generales de la Contratación* Pública, Diccionário de la Contratación Pública, ed. Iustel, 2009